Nutze die
Gedankenkraft
Eine Bereicherung für dein Leben

Unsere Gedanken bestimmen
Charakter, Erfolg, Glück,
Gesundheit, spirituelles Wachstum
und die nächste Inkarnation!

Jordi Campos, Arzt, Naturheilverfahren, Ganzheitsmedizin

HINWEISE ZUR RECHTSLAGE
Alle Informationen und Hinweise in diesem Buch sind vom Autor sorgfältig geprüft und erprobt worden. Eine Garantie kann dennoch nicht übernommen werden.
Eine Haftung des Autors für Personen-, Sach- und Vermögensschäden ist daher ausgeschlossen.

AUTOR und VERFASSER
Jordi Campos, Arzt, Naturheilverfahren, Ganzheitsmedizin

1. Auflage September 2011 als Broschüre „Positiv Denken"
2. Auflage Januar 2015 erweitert und überarbeitet als Buch

FOTOS
www.fotolia.de

Printed in Germany

ISBN 978-3-00-047957-1

BESTELLADRESSE

VERLAG Bücher für Herzensdenker
Eichholzstrasse 11
D-97839 Esselbach – OT Kredenbach
DEUTSCHLAND
Tel.: 0049 (0) 9394 995 229
FAX: - 228
info@jc-vita-sana.com
www.jc-vita-sana.de

Inhaltsverzeichnis

TEIL II

TEIL III

TEIL IV

TEIL V

TEIL VI

TEIL VII

Warum ist die Gedankenkontrolle so wichtig?

Wir sind, was wir denken.
Alles, was wir sind, entsteht aus unseren Gedanken.
Alles, was wir sind, ist das Ergebnis dessen,
was wir dachten.
Wir sind alle nur ein Resultat dessen,
was wir gedacht haben.
Das, was du heute denkst, wirst du morgen sein.
Mit unseren Gedanken formen wir die Welt.
Macht über die Gedanken ist Macht
über Leib, Leben und Schicksal.

Buddha (560-480 v. Chr.)

Und es ist wirklich so, mit unseren Gedanken bestimmen wir, ob wir krank oder gesund, glücklich oder unglücklich, frei oder unfrei, reich oder arm, versagen oder erfolgreich sind.
Die Gedanken sind die Basis unserer Worte und Handlungen und geben unserem Charakter Form.
Wir selbst bestimmen mit unseren jetzigen Gefühlen, Gedanken, Worten und Handlungen unsere nächste Inkarnation, unser zukünftiges Aussehen und unsere Körperform.

»Gedankenkontrolle ist die Basis für Gesundheit, Glück, Erfolg, innere Freiheit und spirituelles Wachstum.
Um das zu erreichen, sollten wir reine, edle und göttliche Gedanken pflegen.«

Irreführende Methoden über Gedankenkraft

Seit Jahrzehnten gibt es eine Vielzahl von Büchern und Seminaren über Gedankendisziplin, Gedankenkraft, Positives Denken, das Gesetz der Anziehung etc.
Es wird oft versprochen, mit diversen Tipps und Techniken alles erreichen zu können, was man sich wünscht, sei es Erfolg im Leben oder sogar Millionär zu werden.
Leider arbeiten viele Schulen für Gedankenkraft zu sehr auf materieller Ebene, das erreichen, bzw. die Erfüllung persönlicher Zwecke, Wünsche und Vorstellungen, Partnerfindung, Erfolg, Reichtum uvm.

Sicherlich wird auch dort sehr viel wertvolles Gedankengut vermittelt, jedoch nur wenige Menschen, die diese Erkenntnisse anwenden, erreichen den erwünschten Erfolg. Warum?
Die Seele ist kein „tabula rasa", kein weißes Stück Papier. Sie enthält die Speicherungen und Eindrücke von Gedanken, Worten und Handlungen aus unseren früheren Leben.
Das Gesetz von Ursache und Wirkung arbeitet präzise. Jeder Mensch zieht magnetisch das an, was er in dieser oder in früheren Inkarnationen selbst gesendet, aufgebaut oder verursacht hat.

Menschen, die in diesem Leben unter Armut, Ungerechtigkeit, Unterdrückung, Ausbeutung, Sklaverei oder Gewalt leiden, sind Opfer ihrer selbstgeschaffenen Ursachen aus ihren Vorleben. Dies hört sich vielleicht „hart" an, aber das Gesetz, was du säst, erntest du, hat für uns alle Bestand.
Es gibt Menschen, die sich in mehreren Vorinkarnationen ein positives Potential erarbeitet haben und deshalb jetzt in Reichtum leben.

Reichtum steht in unserer Gesellschaft für Macht, Stärke, Sicherheit, Freiheit und Glück.
Promis, Schauspieler, Sänger, Musiker, Sportler, Finanzprofis, die Reichen und Schönen dieser Welt haben Erfolg, Reichtum, Besitz, Ruhm, Macht, weil sie oft von Astralkräften - niedrigen Seelen aus den „Jenseitswelten" - gesteuert oder energetisch unterstützt werden.
Viele berühmte Menschen sind oft ein schlechtes Vorbild und führen mit ihrem „verrückten Leben" viele Jugendliche in die Irre oder zu den Zielen der Astralwelten.

Die Erfolgsprediger verkünden:
„Alles, was du dir wünschst, kannst du erreichen."
„Du hast die Kraft in dir, reich zu sein."
„Denke nach und werde reich."
„Erschaffe dir dein eigenes Glück."
„Materialisiere Gesundheit und Reichtum - du brauchst nur daran zu denken."
„Nur wer bereit ist, das Unmögliche zu denken, wird das Mögliche schaffen."

Reichtum regt an, mit dem Vermögen weiter zu handeln, es zu vermehren, am besten durch Spekulationen mit Aktien an der Börse: Geld, das man aufgrund von Leistungen, die andere Menschen erbracht haben, gewinnt, ist mit Negativenergie behaftet. Oft geht ein solcher Reichtum mit der Ausbeutung der Tierwelt und der Zerstörung der Mutter Erde einher.

Viele Großkonzerne haben Expansion, immer höheren Umsatz und Gewinn als Ziel. Um das zu erreichen, werden oft die Mitarbeiter wie Sklaven behandelt, so dass sie unter Stress und Leistungsdruck leiden.

Einige Reiche denken, dass sie von Gott - Universum - mit Vermögen gesegnet wurden, oder dass es eine Folge ihrer großen Leistung ist. In Wirklichkeit ist es eine Selbsttäuschung.
Die Finanz-Elite oder einige Reiche halten sich für Auserwählte und werten das Volk, die Ignoranten, die Menschen, die nicht mit Gedankenkraft, großen Zielen und den Gesetzen des Erfolgs arbeiten, ab.
Menschen, die durch Negativenergie reich werden, sind energetisch an Astral-Welten gebunden, die viele Gefahren beinhalten.

Was wir senden, kommt auf uns zurück: Wenn wir andere Menschen ausbeuten, werden wir das gleiche Schicksal in einem zukünftigen Leben erleiden. Wenn wir der Tierwelt und Natur Leid zufügen, werden wir evtl. durch Krankheitserreger, Viren oder durch Naturkatastrophen das entsprechende Schicksal erleiden.

Die Kraft des positiven Denkens, das Gesetz der Anziehung, Reinkarnation, das Karma-Gesetz, das Gesetz von Ursache und Wirkung sind keine Esoterik, sondern geistige kosmische Gesetzmäßigkeiten, die in vielen alten Kulturen schon bekannt waren.

Wie man mit Gedanken-Energien gesetzmäßig arbeitet oder durch ein inneres Leben aus dem Rad der Wiedergeburt findet, ist unter anderem das Ziel dieses Buches.

Energieverlust durch negatives Denken

Die moderne Zivilisation ist zu sehr kopflastig, intellektuell, wissenschaftlich, materialistisch, was zu geistiger Ignoranz und Blindheit führen kann.
Immer mehr Menschen leiden an chronischer Müdigkeit, Erschöpfungszustand und Burnout. Sie greifen zu Aufputschmitteln, wie Kaffee oder Energie-Drinks.

Warum fehlt es bei vielen an Energie?
Ein Grund dafür ist die Verschlackung des Körpers durch viel und falsches Essen, industriell verarbeitete, raffinierte Nahrungsmittel, Alkohol, Genussmittel, Fleisch, Wurst, Fisch und Milchprodukte, sowie zu viel Zucker und Salz.
Man kommt zu Energiemangel durch das viel Denken und Sprechen, Exzesse, und ein Leben, was sich fern von der Natur abspielt. Es gibt viele Arten Energie zu verlieren:

- Wenn unsere Sinne ständig nach außen gerichtet sind.
- Unkontrollierte Gedanken im Gehirn und viel negatives Denken: Ständiges Gedanken-Kino oder Gedanken-Karussell durch Grübeln, Kummer, Sorgen, Probleme, Trauer, Angst, Streit, Ärger, Wut, Frust, Sexsucht und übertriebene Sexualität.
- Vieles Essen bewirkt Müdigkeit, da der Körper für die Verdauungsprozesse viel Energie verliert. Auch durch übermäßigen Konsum von Genussmitteln, Drogen, Alkohol, Salz, Zucker & Süßigkeiten werden wir müde.
- Tratschen, unwesentlichen Dingen Raum geben, als auch viel, lautes oder zu schnelles Reden.
- Sich gehen lassen, stundenlang Musik hören, im Internet surfen, Computer-Spiele uvm.
  Viel Fernsehen und Filme anschauen, Romane lesen, Shoppen gehen, in Traumwelten oder Bildern leben.

Opfer der eigenen Gedankenwelt

Bei weltlich gesinnten Menschen herrscht Chaos im Gehirn, ihre Gedankenenergien sind in viele Richtungen zerstreut und hauptsächlich materiebezogen.
Wenn wir unkontrolliert denken und so leben, dann sind wir ständig zerstreut und außerhalb von uns.
Wir sind gefangen in unserer eigenen Gedankenwelt und es herrschen oft innere Unruhe, Angst und Stress.
Wir sind Opfer und leiden unter unseren eigenen negativen Gedanken-Programmen im „Computer-Gehirn", die uns steuern.

Viele Menschen führen ein nach außen orientiertes und oberflächliches Leben und wissen nicht mehr, was tiefes Denken bedeutet.

Jeder dritte Europäer ist psychisch krank

Nie gab es so viele Menschen mit psychischen Problemen, wie in der jetzigen Zeit. Vor kurzem erschien in den Medien eine Nachricht mit dem Titel: „Jeder dritte Europäer ist psychisch krank" und als erstes waren aufgelistet: Angststörungen, danach Schlafstörungen, psychosomatische Erkrankungen, Depressionen und Burnout-Syndrom, Ess-Störungen, Hyperaktivitäts-Störungen, Alkohol- und Drogenabhängigkeit und Demenz.

Eine Erklärung für diese Zunahme an seelischen Störungen ist, dass wir in einer Gesellschaft mit Werteverfall leben und uns in einem Niedergang einer Zivilisation befinden.
Die Menschen belasten ihr Nervensystem und ihre Psyche, weil sie ein rein materialistisches Leben führen und Opfer ihrer eigenen negativen Gedankenwelt sind.

Die moderne Psychiatrie und Psychologie arbeiten intellektuell, zu sehr auf materieller Ebene und ignorieren die spirituellen Hintergründe, weil Letztere nicht wissenschaftlich bewiesen sind. Sie suchen die Schuld bei den Eltern, in einer schwierigen Kindheit oder Jugendzeit, im Umfeld, im Stress, in äußeren Umständen und am Ende werden Medikamente verschrieben.
In vielen Industrieländern ist die Psychiatrie mit der Pharmaindustrie „verheiratet".
Es werden hauptsächlich nur die Symptome behandelt und die Patienten werden oft mit Psychopharmaka vollgestopft und ruhig gestellt.
Solche Medikamente können in manchen Fällen eine Hilfe sein, denn es gibt psychisch Kranke, die sehr schwierig, gefährlich oder aggressiv sind.
Jedoch, normale Menschen mit psychischen Problemen werden immer mehr medikamentenabhängig gemacht.

Geisteskrankheiten aus geistiger Sicht

Es gibt viele Arten von Geisteskrankheiten und viele Klassifikationen:

Psychosen: Schwere psychische Störungen, mit Verlust des Realitätsbezugs, wie z.B. Schizophrenie mit Wahnvorstellungen, Halluzinationen oder Stimmenhören.

Neurosen: Psychische Verhaltensstörung längerer Dauer, wie z.B. Zwangsstörungen, Waschzwang, Angststörungen, Hysterien, Hypochondrien, Phobien, Soziophobie, schizoide und paranoide Störungen.

Religiöse oder **ekklesiogene Neurose**: Es sind kirchlich verursachte psychische Störungen und psychoneurotische Erkrankungen, die durch Fehlformen der Frömmigkeit und Religion, zu prüder und sexualfeindlicher Erziehung führen sowie zu einem neurotischen oder falschen Gottesbild.

Eine zu einengende kirchliche Bindung und fanatische Religiosität kann das seelische Erleben derart beeinträchtigen, dass es zu psychischen Störungen und sexuellen Problemen führt, wie z.B. Frigidität, Impotenz, sadistischen und masochistischen Perversionen sowie Zwangsstörungen und Gewissensängstlichkeit.

Paranoia: „verrückt", „wahnsinnig", „wider den Verstand", Geistesstörungen oder Persönlichkeitsstörung. Die Betroffenen leiden an verzerrter Wahrnehmung und einer übertriebenen Selbstbezogenheit, die sich mit Misstrauen, Kränkbarkeit, Empfindlichkeit gegenüber Zurückweisung, Wahnbildungen, Eifersuchtswahn, Verfolgungsängsten, bis hin zur Überzeugung von einer Verschwörung anderer gegen sich, zeigt.
Paranoide Symptome können als Folge von traumatischen Erfahrungen, Alkohol- und Drogen-Konsum, Spiritismus, Okkultismus und esoterischen Praktiken, sowie neurologischen und psychiatrischen Erkrankungen auftreten.
Es gibt einen Dschungel von Begriffen und „neuen" Diagnosen, wie Borderline-Persönlichkeitsstörung, bipolare affektive Störungen, Schizoaffektivestörung uvm.

Ursachen für Geisteskrankheiten

Viele psychologische Erkrankungen oder Verhaltensauffälligkeiten sind sowohl die Folgen der geistigen Armut und Unwissenheit in dieser Welt als auch eines Lebens fern von Gott und seinen göttlichen und ethischen Gesetzen.

Anstelle von Gedankenkontrolle und positivem Denken, sind die Menschen Opfer ihrer Gedankenwelt, Ichbezogenheit, ihrer nicht verarbeiteten seelischen Konflikte, sowie ihrer negativen Gefühls- und Gedankenkomplexe: Böse Gedanken, Hass, Zorn, Wut, Aggressionen, Neid, Liebeskummer, Eifersucht, schmerzhafte Trennungen, der Tod von geliebten Menschen, Trauer, Sorgen, Angst, Vorstellungen von Krankheit, Ausschweifungen, Aufregung, Laster, niedrige Sexualität, ichbezogene Wünsche, „geplatzte" Träume, Misserfolge, Pleiten uvm.

Auslöser für die Geisteskrankheiten gibt es viele. Diese Menschen sind gleichzeitig Opfer, Sklaven und Gefangene ihrer negativen Gedankenwelt, was zu ständiger Nervenverkrampfung bis zum „Kurzschluss" im Gehirn führt.
Wenn die Stärke dieser Gefühle einen gewissen Grad übersteigt, können chronische körperliche Krankheiten sowie Geisteskrankheiten und Wahnsinn hervorgerufen werden.
Das Krankheitsbild mischt sich mit Belastungen der Seele durch Verstöße gegen das Gesetz der Liebe in diesem oder in einem vorherigen Leben.
Menschen mit schweren Geisteskrankheiten bringen oft eine schwere seelische Last aus einem Vorleben mit. Sie können sogar durch Seelen aus der Astralwelt beeinflusst oder besessen sein, die sie durch ihr negatives Verhalten oder esoterische Praktiken angezogen haben. Es handelt sich oft um Seelen, die als Mensch unter dem Betroffenen sehr gelitten haben. Es kann sich auch um ein gemeinsames Karma unter Ahnen und verstorbenen Familienangehörigen handeln, das zu lösen ist.

Ein rein materialistisches Leben macht psychisch krank

Psychische Krankheiten sind oft die Folge geistiger Ignoranz, was ein rein materialistisches Leben bedeutet. Wieder andere fallen in Depressionen oder psychische Krankheiten, wenn ihnen der Lebenssinn und die Ziele fehlen, oft aufgrund von fehlenden „Lebens-Werkzeugen", um Probleme, Sorgen, Schicksalsschläge zu verstehen und zu bewältigen.

Andere psychische Krankheiten hängen zusammen mit seelischen Fehlhaltungen, negativen Gedankenmustern, die zu Energiemangel und Verkrampfung des Nervensystems führen. Auch ungesunde Lebensweise, Exzesse, sowie Fehlernährung und die vielen Folgen, wie Übersäuerung und Verschlackung des Körpers, gestörtes Darmmilieu (Fehlernährung, Verstopfung, Dysbiose), Mangelzustände von Vitalstoffen, Enzymen, Biophotonen, Vitaminen und Mineralien.

Die Nervengifte

Stark verkrampfte Nerven durch die oben genannten negativen Gedanken-Energien sondern mit der Zeit Giftstoffe ab, die den gesamten Organismus belasten.
Das Nervensystem wird hauptsächlich durch falsches Denken, aber auch durch falsche Ernährung, große Nahrungsmengen und Genussmittel belastet. Sind die Nerven über längere Zeit verkrampft und lebt der Mensch ungesund, nimmt er viel Fleisch, Fisch, Drogen, Medikamente, Nikotin, Kaffee, Zucker, Alkohol und dergleichen zu sich, dann können durch die Nervengifte Verkalkung, Ablagerungen in den Blutgefäßen sowie Lähmungserscheinungen unterschiedlicher Intensität auftreten.

Parkinson, Alzheimer, Demenz, Multiple Sklerose, Nervenschmerzen, Neuralgien, Gürtelrose oder Herpeszoster, uvm. können hervorgerufen werden durch die oben genannten Nervengifte, sowie die Verschlackung des Körpers durch ungesunde Lebens- und Ernährungsweise.

Vergesslichkeit ist ein Zeichen, dass der Mensch nicht zentriert ist, er ist ständig in Gedanken außerhalb von sich. Sein Unterbewusstsein ist voll von nicht bearbeiteten seelischen Konflikten aus der Vergangenheit.
Seine Gedankenwelt - Gedankenkino, Gedankenkarussell - läuft zu schnell und ist zu sehr mit sich selbst beschäftigt oder mit falschen Inhalten, wie Bildern, Sorgen, Problemen, Kummer, Ängsten oder materiellen Wünschen.

Die **Parkinson-Krankheit**, Schüttellähmung, wird durch Nervengifte verursacht. Auch minderwertige Nahrungsmittel, ein übermäßiger Milchprodukte-Konsum, sowie Aluminium-Belastung und Verstopfung sind Faktoren, die Parkinson begünstigen.
Das Schütteln ist ein Spiegel von Disharmonien oder in manchen Fällen ein „Schlagen wollen", das man jedoch nicht zeigen will: Es handelt sich um tiefe und aggressive Emotionen, die stark unterdrückt sind, so dass sie dem Kranken in keiner Weise mehr bewusst sind.

Demenz und insbesondere **Alzheimer**, werden ausgelöst durch eine Ernährung mit vielen tierischen Eiweiß-Produkten, die mit der Zeit zu Entzündungsherden und Amyloid-Ablagerungen im Gehirn führt. Jedoch eine Krankheit hat nicht nur eine Ursache, sondern mehrere, die sich summieren.

Degenerative Gehirnerkrankungen hängen zusammen mit einem rein materialistischen Leben, ungesunder Ernährungs- und Lebensweise, Bewegungsmangel, sowie mit negativen Gedankenmustern, nicht verarbeiteten Traumen und seelischen Konflikten.

Unbarmherzigkeit durch Überbetonung des Intellekts mit „scharfem" Anwenden der intellektuellen Fähigkeiten kann zu Gehirndegeneration führen.

Der Ego-Intellektualismus führt im Alter häufig zur Hirngefäßverkalkung, Alzheimer, Demenz, so dass der frühere Grund für intellektuellen Stolz im Alter ins Gegenteil umschlägt: Der Intellektuelle verliert im Alter sein Gedächtnis, er wird kindisch und abhängig von seiner Umwelt.

Was hilft gegen Geisteskrankheiten?

Wer ein gesundes Gehirn haben möchte, findet das Rezept in diesem Buch: »Nutze die Gedankenkraft - Sende Liebe, denke edel – Unsere Gedanken bestimmen Charakter, Erfolg, Glück, Gesundheit, spirituelles Wachstum und die nächste Inkarnation!«

In meinem Buch möchte ich das weitergeben, was mir selbst und vielen meiner Patienten geholfen hat.
Es sind „praktische Lebenswerkzeuge", um die Probleme des Lebens zu meistern.

<u>Gesunde Ernährung</u>: Insbesondere bei allen psychischen Krankheiten ist es empfehlenswert, Fleisch und Fisch zu meiden, stattdessen Nahrungsmittel zu essen, die eine positive höhere Schwingung haben, wie Bio-Gemüse und -Obst, sowie eine Umstellung auf vegetarisch vegane Ernährung mit hohem Rohkost-Anteil.

<u>Natur und Bewegung</u>: Körperliche Arbeit, sportliche Betätigung und Kontakt mit der Natur helfen, sich zu erden, zu stabilisieren, um Festigkeit zu bekommen.

<u>Gelebte Spiritualität</u>:
Spiritualität im täglichen Leben bedeutet, die geistige Evolution und eine höhere Ethik und Moral anzustreben, die Sinne zu veredeln, eine lebendige Beziehung zu Gott aufzubauen und mehr und mehr nach dem Gesetz der Liebe zu leben.

Je mehr sich der Mensch bemüht in Einklang mit Gott zu leben, positiv, also göttlich zu denken, umso feiner ist die Strahlung der Seele und des Leibes.
Die Basis für diesen Prozess zur Stabilisierung der Psyche ist die Entscheidung für den Weg der geistigen Evolution, aus den Verstrickungen der Materie heraus zu finden.

Die Psyche wird automatisch gesund durch Selbsterkenntnis, Ordnung im Leben schaffen, Abbau der Ego-Aspekte, Gedankenkontrolle, Veredelung und ein Leben nach dem Gesetz der Liebe.

Bei allen Karma-Krankheiten kann man über Gott oder Christus die Seelen von Menschen um Vergebung bitten, die in einem Vorleben unter uns gelitten und denen wir Schaden zugefügt haben.
Um ein gesundes Gehirn und Nervensystem zu haben, sollte der Mensch die Harmonie an und in sich und in seiner unmittelbaren Umgebung anstreben.
Harmonie bewirkt Gesundheit.

Wege aus Depression und Burnout-Syndrom

Depression ist eine Zivilisationskrankheit. Derzeit leben ca. 5 Millionen Menschen in Deutschland mit dieser Seelenqual. Jedes Jahr erkranken nach Angaben der Weltgesundheitsorganisation WHO 33 Millionen Europäer an einer schweren Depression. Weltweit sind depressive Störungen mittlerweile die vierthäufigste Ursache von Krankheit und Behinderung. Zudem werden die Betroffenen immer jünger.
Medizinisch gesehen ist es eine Störung im Kontrollsystem der Stresshormone, die schließlich den Körper überschwemmen und die Gefühle verändern, ein Ausdruck von Fehlanpassung an chronischem Stress, ein Zustand der psychischen Niedergeschlagenheit.

Die Depression ist wie ein „bleierner Mantel", der sich über Körper und Geist legt.
Nicht jede depressive Verstimmung ist sogleich eine Depression, denn im Leben jedes Menschen gibt es immer wieder ein Auf und Ab. Oft ist sie die Folge von Energiemangel durch Niedergeschlagenheit, Bedrücktheit, Pessimismus, Resignation, Traurigkeit, Unzufriedenheit, Enttäuschung, Frustration, Hoffnungslosigkeit und Unglücklich sein. Die Schwere lässt in manchen Fällen keine klare Ursache erkennen, denn sie liegt in der Gefühlswelt im Unterbewusstsein.

Burnout-Syndrom, eine versteckte Depression?

Viele Menschen möchten nicht mit dem Wort Depression stigmatisiert werden und sagen lieber, dass sie an einem Burnout-Syndrom leiden.
Burnout und Depression haben viele Ähnlichkeiten, denn sie treffen Menschen, die sich in einer Spirale von „Dauerstress" befinden und konfrontiert sind mit Problemen im Leben, für die sie keine Lösung sehen.
Man könnte es als eine Anpassungsstörung, ein Ausgebranntsein definieren, was als Depression oder Burnout-Syndrom diagnostiziert wird.
Das Leben in der jetzigen Zeit ist stressig und kompliziert geworden. Unserer Gesellschaft fehlt es an Ethik, Moral und Vorbildern. Die Zahl der Fälle von Menschen mit Depression und Burnout-Syndrom steigt, vor allem auch auf Grund des Druckes im Arbeitsleben.

Die Entscheidung, aus „dem Loch" herauskommen zu wollen, ist sehr wichtig!
Will ich raus aus dem Burnout und aus der Depression?
Es gibt oft auch kranke Menschen, die gerne in der Krankheit verharren möchten, warum?

Der sekundäre Vorteil der Krankheit

Der Krankheitsgewinn ist eine Bezeichnung für die Vorteile, die der Patient aus seiner Diagnose oder Krankheit bewusst oder unbewusst zieht:

- Der Patient wird geschont und bekommt mehr Energie, Zuwendung, Mitleid von anderen.
- Er kann von seinen Alltagspflichten entbunden werden.
- Er darf für ein paar Tage, Wochen oder Monate zu Hause bleiben, frei machen, nicht mehr arbeiten oder zur Schule gehen.
- Muss bestimmten schweren Arbeiten nicht mehr nachgehen oder bekommt eine bescheinigte Arbeitsunfähigkeit vom Arzt.
- Kann Konflikten, schmerzlichen oder unangenehmen Situationen aus dem Weg gehen, z.B. das plötzliche Erkranken vor einer Hochzeit, einem unangenehmen Gespräch, einem Gerichtsverfahren, einer schweren Prüfung in der Schule oder Universität.
- Durch Kopfschmerzen oder Migräne kann der Betroffene sich vor den sexuellen Wünschen des Partners schützen.
- Durch eine Krankheit wird der Partner oder andere Familienmitglieder ausgenutzt, erpresst, tyrannisiert oder unter Druck gesetzt.
- Er kann wirtschaftliche Unterstützung von der Krankenkasse oder vom Staat einfordern.
  Er kann evtl. früher in Rente gehen.

In Bezug auf Depressionen gibt es oft, bewusst oder unbewusst, einen Gewinn oder sekundären Vorteil:

- Zuwendung oder Energie von anderen Menschen bekommen wollen.
- Keine Verantwortung übernehmen wollen.

- Keine Entscheidungen für das Leben treffen wollen.
- Auf das Umfeld manipulierend wirken und Druck ausüben.
- Bequemlichkeit oder Passivität, die verhindern, die richtigen Lernschritte im Leben zu machen.
- Sich als Opfer des Schicksals zu sehen verhindert die Selbsterkenntnis und führt zu geistiger Stagnation.
- Zu lange trauern nach dem Tod eines Familienangehörigen ist oft eine Art Ichbezogenheit: Oft wird auch lange getrauert, weil man nicht mehr die „gewohnte" Energie bekommt.
- Eine Depression kann auch auf Selbstbezogenheit und Mangel an Liebe zu anderen Menschen hindeuten: „Ich denke nur an mich, ich kreise nur um mich."

Selbstmord bringt nichts!

Manche Menschen, die unter Burnout-Syndrom oder Depressionen leiden, neigen zu Selbstmord. Aber das löst keine Probleme und ist ein Verstoß gegen das kosmische Gesetz der Liebe: Wir würden unsere Seele dadurch noch mehr belasten.
Nahtod-Studien ergaben, dass Menschen, die Selbstmord begangen haben, im Jenseits in den Astralwelten großes Leid erfahren.
Bei einem Selbstmord vollzieht sich die Trennung der Seele vom Körper wie üblich. Die Seele eines Selbstmörders lebt in den Astralwelten mit all ihren Problemen, die sie zum Selbstmord getrieben haben und muss irgendwann wieder zurück zur Erde, bis die Seelenlast abgetragen ist. Eine Flucht vor dem selbst geschaffenen Karma ist nicht möglich.
Alles wovor wir fliehen wollen, muss man noch einmal erleben, im Jenseits oder in der nächsten Inkarnation, bis es bereinigt ist. Selbstmord ist keine gute Lösung!

Psychopharmaka oder innere Arbeit

Ein Arzt, Psychiater oder Psychologe kann uns mit Medikamenten, Psychotherapie oder Behandlungen helfen. Medikamente können Leben retten, jedoch helfen sie uns nicht, gesund zu werden!

Psychopharmaka sind nur eine Symptom-Behandlung, die die wahren Ursachen nicht behebt.
Sie haben zahlreiche Nebenwirkungen, belasten Nieren und Leber, verändern die Chemie des Gehirns und machen abhängig. Häufige Nebenwirkungen sind: Mundtrockenheit, Gewichtszunahme, Unruhe, Müdigkeit, Schwindel, Kopfschmerzen, Verdauungsstörungen, Verstopfung, vermehrtes Schwitzen, Glaukom (Grüner Star), Tremor, Prostatahypertrophie, Erektionsstörungen, Leucopenie, Herzerkrankungen, hirnorganische Schäden uvm.

Neue Strategien bei Depression

Fragen als Hilfe zur Selbsterkenntnis:

- Will ich raus aus der Opfer-Rolle?
- Habe ich einen sekundären Vorteil von der Krankheit?
- Will ich raus aus Selbstmitleid und Selbstbezogenheit?
- Was will ich nicht verzeihen?
- Will ich mein Leben selber in die Hand nehmen?

Der Weg aus Depression, Burnout, Angstzuständen und psychischen Krankheiten liegt in uns. Die eigentliche „Therapie" beginnt in uns selbst, in unserer Gedankenwelt, durch Analyse, Selbsterforschung, neuer Gehirn-Programmierung und positiven Lebensveränderungen.

Die scheinbaren Feinde oder Hindernisse im Leben sind in Wirklichkeit Hilfen mit Lernaufgaben, damit wir uns ändern, innere Aspekte entfalten, die Augen für das Wesentliche im Leben öffnen oder näher zu Gott finden.

Rechtzeitig umdrehen und aktiv bleiben

Die klassische Psychologie geht zwar auf den individuellen Fall ein, aber gerade die Psychoanalyse führt oft dazu, dass die Ursache und Schuld in den äußeren Umständen, Familie, Verwandtschaft, Eltern, Partner, gesucht und zugewiesen wird.
So finden die Patienten nicht zu ihrer eigenen Ursache, sehen sich nur als Opfer und bleiben in ihren Fehlhaltungen gefangen: Aus Opferhaltung und Vorwürfen kann keine Selbsterkenntnis erwachsen.

In unserem Leben gibt es also immer wieder Veränderungen - auch negative -, ein Auf und Ab. Jeder von uns kommt oft in Lebenssituationen, wo es allein nicht weiterzugehen scheint. Das gehört zum Leben. Aber wenn nun Anzeichen von Niedergeschlagenheit, Unzufriedenheit, Melancholie, Resignation auftreten, dann sollten wir dies als Achtungszeichen ansehen, gewissermaßen als einen „Impuls der Seele".

Die Aufgabe heißt dann, sich nicht als Opfer sehen, sondern aktiv bleiben, rechtzeitig umdrehen, um nicht in eine tiefere Unzufriedenheit oder Depression abzugleiten. Wir sollten uns nicht fallen lassen, sondern aktiv etwas dagegen unternehmen.

Wenn uns der Boden unter den Füßen weggezogen wird oder wenn durch eine Lebenskrise unsere heile Welt zusammenbricht, kann es uns helfen, eine neue Aufgabe zu entdecken oder unserem Leben eine neue Richtung zu geben.
Wenn wir aktiv bleiben, lösungsorientiert denken und bestrebt sind, uns zu verändern, schaffen wir es schneller aus Krisensituationen herauszufinden.

Tipps bei Enttäuschung, Verletzung, Mobbing und schlechtem Arbeitsklima

- Zahlen Sie nicht mit gleicher Münze zurück.
- Es ist kein Zufall, was auf uns zukommt, denn das haben wir wahrscheinlich selbst verursacht (evtl. in Vorleben).
- Habe ich früher andere Menschen schlecht behandelt oder ihnen Schaden zugefügt?
- Selbsterkenntnis: Aktiv im Inneren werden, statt still zu leiden. Wo war oder bin ich ähnlich?
- Bestrebt sein, nach der Ethik des Jesus von Nazareth zu leben: Liebe deine Feinde, tue Gutes denen, die dich hassen.
- Wir sollten immer bestrebt sein, zu vergeben, oder lernen, unsere „scheinbaren" Feinde zu lieben. Denn sie helfen uns, innere Stärke und positive Werte zu entfalten, z.B. Standfestigkeit der Seele, innere Größe.
- Segnen heilt: Liebe senden, zu den Menschen, mit denen wir Schwierigkeiten haben.

Konflikte friedlich lösen

Versuchen Sie, sich selbst zu erkennen oder Ihren Anteil an dem Konflikt: Was mich an meinem Nächsten stört oder gar erregt, das liegt oft in mir selbst, in dieser oder in einer ähnlichen Form.

Wenn mich z.B. stört, dass der andere dominant, rechthaberisch ist oder nur an sich selbst denkt, liegt Ähnliches in mir. Sonst würde es mich nicht stören.
Entdecken wir unseren Anteil, dann wächst das Verständnis für unseren Nächsten.

Selbsterkenntnis und mit dem Nächsten Frieden schließen macht frei und ist eine Hilfe, aus den depressiven Gedanken heraus zu finden. Wichtig ist hier, den ersten Schritt zu tun, wie es die Lebensregel von Konfuzius rät:

»Tue nichts Böses, dann widerfährt dir nichts Böses!«

»Was du nicht willst, dass man dir tu,
das füg' auch keinem anderen zu«

Bestrebt sein, von sich selbst weg zu denken

Wir sollten lernen, so wenig wie möglich an uns selbst zu denken. Eine Möglichkeit wäre, bestrebt zu sein, Menschen zu helfen, die größere Probleme haben als wir.

Eine gute Alternative wäre auch, dazu beizutragen, dass es in dieser Welt besser wird. Z.B. sich für die Natur oder die Tiere einsetzen (Selbsthilfegruppen, Umweltschutz-, Tierschutz- oder vegetarische Vereine etc.). Für andere Menschen da zu sein ist ein guter Weg, um selber glücklich zu werden: „Andere Menschen glücklich machen."

Das Positive suchen und finden

Krankheit - Ungerechtigkeit des Schicksals oder Chance zur Veränderung, zur positiven Wende?
Wir haben es in der Hand. Es lohnt sich, die Ursachen der Krankheit zu suchen.
So können wir die Chance nutzen, die die Krankheit oder der Schicksalsschlag in sich birgt.
Das Entscheidende ist, ob ich mich hängen lasse, resigniere oder aufstehe und lernen will.

Depression heilen bedeutet, sich befreien von negativen Gedankenmustern, Arbeit an sich selbst und die Verantwortung für das eigene Leben wieder in die Hand nehmen.

Dabei können folgende Fragen eine Hilfe sein:

- Welche Stressfaktoren belasten mich?
- Was kann ich dagegen tun?
- Was möchten mir die depressive Verstimmung oder das Burnout-Syndrom sagen?
- Welche Botschaft beinhalten sie für mich?
- Durch welche Gedanken verliere ich ständig Energie?
- Was soll ich in meinem Leben ändern?
- Was sind meine neuen Ziele?

Desweiteren finden Sie in vielen anderen Kapiteln dieses Buches Hilfen zu diesen Themen:

- Definiere, was du willst! Lebenssinn finden.
- Lerne Gedankenkontrolle und mit Gedanken-Energien zu arbeiten.
- Kopf und Seele mit Tagebuch entlasten.

- Keine Nahrungsmittel mit niedriger Schwingung essen sondern Bio, Vegan und Vitalkost.
- Ernährung hat einen Einfluss auf die Psyche.

- Ordnung im Leben.
- Vergangenheit nicht immer wieder bewegen, sondern abschließen.
- Freizeit in den Alltag einplanen.
- Die eigenen Grenzen erkennen und achten.

- Den Kontakt mit der Natur pflegen: Bewegung, täglich Sport treiben oder spazieren gehen.
- Entspannungsmassagen und Cranio-Sacral-Therapie.
- Darmsanierung mit Colon-Hydro-Therapie.
- Leber-Galle-Reinigungskur.
- Energie gewinnen durch Meditatives Wandern und die Verbindung mit Gott.

Zitate von Goethe

»Auch aus Steinen die einem in den Weg gelegt werden,
kann man Schönes bauen.«

»Durch Stolpern kommt man bisweilen weiter;
man muss nur nicht fallen und liegen bleiben.«

»Nicht die Umstände bestimmen uns,
sondern wir bestimmen unsere Umstände.«

»Höher vermag sich niemand zu heben,
als wenn er vergibt.«

»Glücklich allein ist die Seele, die liebt.«

»Sobald der Geist auf ein Ziel gerichtet ist,
kommt ihm vieles entgegen.«

»Die religiöse Ehrfurcht vor dem, was unter uns ist, umfasst natürlich auch die Tierwelt und legt den Menschen die Pflicht auf, die unter ihm stehenden Geschöpfe zu ehren und zu schonen.«

Einfluss der Ernährung auf die Psyche

Vorteile der vegetarischen veganen Ernährung

In Deutschland sind über 8 Millionen Menschen zu Vegetariern, Veganern und Rohköstlern geworden. Die Gründe: Ethik, Respekt, Achtsamkeit, Liebe zu den Tieren und zur Natur, Kritik an der Massentierhaltung, Nachhaltigkeit, der Wunsch nach aktivem Klima- und Umweltschutz, die Problematik des Welthungers sowie die Vorbeugung von Zivilisationskrankheiten. Viele würden keinen Fisch oder Fleisch mehr essen, wenn sie sehen würden, was in den Aquakulturen, Fischfarmen, Ställen und Schlachthöfen geschieht.
Und noch weniger Fleisch würde gegessen werden, wenn die Menschen die Tiere selbst schlachten müssten.

80% der Zivilisationskrankheiten sind ernährungsbedingt!

Unsere moderne Gesellschaft wird immer kränker trotz medizinischen Fortschritts und teurem Gesundheitssystem mit immer größerem Angebot an Medikamenten, Medizin-Technik und Diagnostik-Methoden.
Die Menschen leiden trotz all dem vermehrt an Zivilisationskrankheiten wie Krebs, Diabetes, Übergewicht, Fettstoffwechselstörungen, Schilddrüsenproblemen, Asthma, Allergien, Autoimmunerkrankungen, MS, Neurodermitis, Reizdarm, Colitis Ulcerosa, Morbus Crohn, Entzündungen, Schmerzen, Arthritis, Arthrose, Rheuma, Gicht, Osteoporose, Karies, Alzheimer, Demenz, Kurzsichtigkeit, Glaukom, Katarakt, AMD, Durchblutungsstörungen, Thrombose, Arteriosklerose, Bluthochdruck, Herzinfarkt, Schlaganfall, sowie an Infektionen durch multiresistente Superkeime wie EHEC, MRSA, BSE, Influenza- und Grippe-Pandemien (Vogel, Schweine).

Ein Großteil dieses Leids und der hohen Gesundheitskosten hätte man sich durch eine vegane Ernährung ersparen können!

Körpergeruch ist abhängig von dem, was wir essen!

Es wird viel Geld ausgegeben für Deos, Parfums, Kosmetik und Mundsprays, um unangenehmen Körpergeruch zu verdecken. Wenige Menschen wissen, dass dieses Problem im Zusammenhang mit ihrer Ernährung steht.
Die Art der Bakterien-Flora im Darm und im Körper bestimmen wir zum Großteil durch das, was wir essen.
Fisch, Fleisch, Geflügel sind Nahrungsmittel, die dazu neigen, sehr schnell zu verderben. Dadurch setzen Fäulnisprozesse ein und verändern die Darmflora. Der Grund dafür ist, dass die Eiweiß-Stoffwechsel-Prozesse Abfallprodukte und Giftstoffe, wie Ammoniak, Harnstoff, Indol, Skatol, Amine, Putrescin und Kadaverin hinterlassen.

Die Folge ist, dass das Essen von tierischen Produkten, wie Fleisch, Fisch, Wurst, Geflügel, Milchprodukte wie Käse, Joghurt, Quark, Butter, etc. den Geruch aller Körperausscheidungen, Urin, Stuhl, Schweiß, verändert.
Es fördert vermehrt Entzündungen, Übersäuerung sowie abstoßenden Körper- und Mundgeruch.
Eine pflanzenbetonte Ernährung mit viel Grün - Chlorophyll - wirkt sich positiv auf den Körpergeruch aus.

Der Fischkonsum hat keine gesundheitlichen Vorteile und ist genauso schädlich wie der Fleischkonsum. Weitere Informationen zu diesem Thema finden Sie in meinem Buch »Fisch essen macht krank - Das Leiden der Fische - Fisch als Schadstoffendlager: Fakten und wissenschaftliche Studien.«

Vorteile der Rohkost Ernährung

Nahrungsmittel in ihrem natürlichen Zustand besitzen ihre höchste Heilwirkung, dank Vitaminen, Enzymen, sekundären Pflanzeninhaltsstoffen und Biophotonen, Lichtenergie. Depressionen und andere psychische Probleme bessern sich durch eine energiereiche Kost.

Je größer der Anteil an Vitalkost oder Rohkost in unserer Ernährung ist, umso mehr Vitalstoffe führen wir unserem Körper zu.
Das Erhitzen durch Kochen, Braten oder Backen, zerstört wertvolle wichtige Substanzen.
Bei der veganen Rohkost, werden Nahrungsmittel im Naturzustand gegessen oder schonend zubereitet, unterhalb einer maximalen Erhitzung von 42 Grad.

Pflanzliche Produkte wie Obst, Früchte, Gemüse, Samen und Wildkräuter, enthalten große Mengen an bioaktiven Substanzen, die sogenannten sekundären Pflanzeninhaltsstoffe. Derzeit sind ca. 100.000 sekundäre Pflanzeninhaltsstoffe identifiziert. Jahrzehntelang wurden sie als ernährungsüberflüssig eingestuft, weil sie keinen Nährstoffcharakter hatten.

Inzwischen hat die Erforschung dieser sekundären Pflanzeninhaltsstoffe, pharmakologische Effekte nachgewiesen: Entzündungshemmend und schmerzlindernd durch natürliche Salizylaten; Arteriosklerose vorbeugend, Herz und Gefäß schützend; Cholesterin senkend, Blutdruck regulierend, antithrombotisch; verdauungsfördernd; Blutglukosespiegel senkend; immunmodulierend; sind ein natürliches Antibiotika; leiten Schwermetalle aus; Hormon regulierend; Krebs vorbeugend; Schutzfaktor gegen UV-Sonnenlicht, Radioaktivität, Umweltgifte, oxidativen Stress und freie Radikale.

Je mehr Rohkost, desto weniger Müdigkeit, Mangelzustände, Haut- und Augenprobleme sowie Zivilisationskrankheiten.
Viele Menschen in den Industrieländern haben sich jahrzehntelang so sehr von der Natur entfernt, dass ihr Körper oft Nahrungsmittel in unbehandeltem und natürlichem Zustand nicht mehr verträgt.

Roh- oder Vitalkost ist wahrlich ein echter Gesundheits-Tipp, aber keine Angst, wir brauchen nicht alles roh zu essen! Der Körper kann es gut vertragen, wenn wir ein paar Mal pro Woche warme Nahrung zu uns nehmen. Einige Lebensmittel, wie z.B. Kartoffeln, Reis, Hülsenfrüchte und Pilze werden durch das Kochen leichter verdaulich oder überhaupt erst genießbar.

Durch eine pflanzenbetonte - vorwiegend Rohkost - und abwechslungsreiche Ernährung mit Wildkräutern (Eisen, Calcium, Chlorophyll), Eiweiß (aus Samen, Nüssen, Getreide, Hülsenfrüchte) und gelegentlich Vitamin-B-12 Präparaten, lässt sich einem eventuellen Mangel in der veganen- oder Rohkost-Ernährung vorbeugen.
Weitere Informationen finden sie in meinem Buch:
»Die vegane tierfreundliche Vitamin-Mineral-Tabelle -
Wo finde ich was in der Vegan- und Rohkost-Ernährung?«

Die beste Ernährungsweise für die Gesundheit ist eine vegane Ernährung, mit hohem Rohkost-Anteil. Eine vegane Ernährung mit täglich ca. 50% bis 100% frischen, rohen Lebensmitteln ist empfehlenswert.
Die vegane Rohkost ist ein guter Weg zur Gesundheit und zurück zur Natur.

Die Schwingung der Nahrung hat einen Einfluss auf die Psyche

Die wenigsten Menschen wissen, dass viel „minderwertige und tote Nahrung“ einen negativen Einfluss auf die Psyche hat, z.B. industriell verarbeitete und minderwertige Nahrungsmittel, tierisches Eiweiß, Fleisch, Fisch, Wurst, Geflügel, Milchprodukte, Käse, Salz, Zucker, raffinierte Mehle, Geschmacksverstärker, Farb- und Konservierungsstoffe.
In Fleisch- und Fisch-Produkten befinden sich auch Adrenalin und Stresshormone, die die Tiere vor und während der Schlachtung aus Angst und Panik ausschütten.

Fleisch und Fisch essen macht den Körper krank und hat einen Einfluss auf die Psyche und die Seele: Alles, was geistig gesehen tot ist, was vor allem zum Zweck der Ernährung und Gaumenlust unter oftmals völlig lieblosen, ja qualvollen Bedingungen gehalten, ausgenutzt und getötet wird, wie unsere Nutz- und Wildtiere, die Hühner, Kälber, Schweine, Wildschweine, Rehe, Fische usw., hat eine niedere Schwingung.

Die Schwingung von Angst, Leid, Aggression, Stress, Hoffnungslosigkeit und Schmerz bleibt am Gegenstand haften und belastet unseren Körper und auch die Psyche.

Menschen, die große Mengen an tierischen Produkten konsumieren, leiden vermehrt an Angst, Panik-Attacken, Müdigkeit, Burnout, Aggressionen, innerer Unruhe, Stress, Schlafstörungen, Depressionen, Psychosen, Alzheimer, Demenz und vielen Zivilisationskrankheiten.

Veganismus, Rohkost und Spiritualität

Im Bereich Ernährung existieren Tausende von Theorien, Meinungen und Vorstellungen.
Welche Ernährungsart ist die Beste?
Ich denke die, welche der Tierwelt und der Natur keinen Schaden zufügt und unsere körperliche und psychische Gesundheit fördert.

Eine Gesellschaft, die viele Tiere isst, wird mit der Zeit unsensibel, egoistisch, primitiv, grob, aggressiv, grausam und brutal.

Menschen, die sich für das Innere Leben, die Veredelung und die geistige Evolution entscheiden, können kein Tier mehr essen. Sie werden sensibler und sind bestrebt, das Leiden der Tiere und der Mutter Erde zu vermeiden.

Eine vegetarische, vegane Rohkost-Ernährung ist eine gute Basis für die Gesundheit und unsere geistige Entwicklung.

Jedoch gesunde Ernährung ist nicht alles. Viel wichtiger als die Ernährung ist es, zu lernen, ein positiver Mensch zu werden, der dankbar ist, bewusst isst und innere Werte entfaltet.
Achtsamkeit in dem, was wir in Gedanken, Worten und Handlungen senden. Denn das ist es, was uns krank oder gesund macht.
Wir versorgen uns nicht allein durch die Ernährung mit Energie, sondern auch durch eine bewusste Atmung, positive Gedankenwelt, Sonnenlicht, die Kräfte der Natur - Od- oder Ätherkräfte - und die Verbindung mit Gott.

»Wahrer Vegetarismus hat eine sehr spirituelle Seite. Du bist mehr mit der Erde verbunden und behandelst alles, was um dich ist, mit viel mehr Respekt: Du erkennst, dass wir nicht das Recht haben, zu töten.«

Bryan Adams, kanadischer Rock-Sänger, Komponist, Fotograf, Veganer

»Veganer sind die konsequentesten Vegetarier.«

Dr. Markus Keller, Wissenschaftler, Diplom-Ökotrophologe, Autor

»Solange wir Milch trinken, Butter, Käse, Eier und Honig essen oder Lederwaren tragen, sind wir für das Leid, die Schlachtung und Tötung von Tieren verantwortlich.«

A. W. Duncan, The Vegetarian Messenger and Health Review 9/1912

»Veganismus ist die Folge einer konsequenten und beharrlichen Auseinandersetzung mit Menschenrechten und den Rechten der Tiere, mit Umweltschutz und den Ernährungsproblemen in der Welt.«

Kath Clements aus dem Buch »Vegan«

»Wenn ihr eure Nahrung tötet,
dann wird auch eure Nahrung euch töten.
Lasst die Nahrung lebendig,
dann wird auch die Nahrung euch lebendig machen.«

Jesus von Nazareth aus der Apokryphen Schrift „Das Evangelium des vollkommenen Lebens"

Teil I

Was sind Gedanken?

Was sind Gedanken?

Die Gedanken sind unsichtbare Energien oder Wellen, die sich in einer sehr hohen Geschwindigkeit bewegen.
Die Wissenschaft kennt die Wellen von Licht, Wärme, UV-Strahlen, Elektrizität, Radioaktivität, Radio uvm. Viele von diesen Wellenfrequenzen können wir nicht sehen. Jedoch, wenn wir ein Radiogerät einschalten, merken wir plötzlich, dass wir von vielen Radiowellen und Radiosendern umgeben sind und die Wellen für uns auch hörbar sind.
Für Gedanken-Energien gilt etwas Ähnliches, auch sie haben bestimmte Wellenfrequenzen. Leider hat die Wissenschaft die notwendigen Geräte, um Frequenzen der Gedanken zu erfassen, noch nicht entwickelt.

Es gibt schon seit Jahrzehnten viele Forschungen über das Thema Gedankenenergien. Im September 2014 wurde eine Studie veröffentlicht, in der Wissenschaftler der TU München und Berlin eine neuartige Flugzeugsteuerung entwickelt haben, welche mittels Hirnwellen funktioniert: Dabei wurde ein Flugzeug - Flugsimulator - mit Gedanken bedient, ohne die Geräte zu berühren. Es funktionierte wirklich, jedoch nur die Rechts-links-Steuerung.

Die Basis für alles, was wir in dieser Welt sehen, ist „materialisierte Gedankenkraft", Gegenstände wie Möbel, Kleider, Werkzeuge, Computer, Telefon, Waschmaschine, Schmuck, Uhr, Kunstwerk, Auto, Flugzeug, Haus etc.
Bevor diese entstanden sind, haben Menschen - Erfinder, Modedesigner, Künstler, Architekten oder Ingenieure - mit viel Konzentration und Gedankenenergie gearbeitet, bis sie sich materialisiert und eine Form gewonnen haben.

Ähnliches gilt für einen Musiker oder Komponisten, der ein Musikstück oder Lied kreiert.

Die Atmosphäre speichert, die seit Tausenden von Jahren gesendeten Gedanken von Menschen, als positive oder negative Energiefelder, in der atmosphärischen Chronik. Wir sind umgeben von einem Gedankenmeer und können negativ oder positiv beeinflusst oder „infiziert" werden.

Die Ideen sind Gedankenwellen, feine Energien und haben eine Kraft. Gedanken, die intensiv gedacht werden, sind schöpferische Kräfte und neigen dazu, sich zu materialisieren.

Jeder Mensch hat seine eigene Gedankenwelt und nimmt auch auf, was andere aussenden. Jeder von uns hat bewusst oder unbewusst Erfahrungen mit Gedankenenergien und Gedankenübertragungen in größerem oder geringerem Maße gemacht.

»Gedanken können von einem Menschen
zu einem anderen übermittelt werden.«

»Je stärker ein Gedanke gedacht wird,
desto früher materialisiert er sich oder trägt Wirkungen.«

»Die Kräfte unserer Gedanken sind mächtiger,
als wir es je erfassen können:
Was wir denken, wird früher oder später Wirklichkeit.«

Das Gehirn - Die Fabrik der Gedanken

Das menschliche Gehirn hat etwa 100 Milliarden Nervenzellen, die durch ca. 100 Billionen Synapsen miteinander verbunden sind. Somit ist ein Neuron durchschnittlich mit 1000 anderen Neuronen verbunden.
Die Länge aller Nervenbahnen des Gehirns sind ca. 5,8 Millionen Kilometer, ungefähr der 145-fache Erdumfang.
Das Gehirn ist die Fabrik, wo die Gedanken entstehen. Durch das Denken werden Verbindungen gelegt, die sogenannten Synapsen.

Wenn wir immer wieder einen bestimmten Gedanken hegen, wird er zur Gewohnheit. Das ist als Vergleich so, wie wenn man durch eine Wiese läuft: Zuerst wird das Gras platt getreten. Wenn man sehr oft den gleichen Weg benutzt, entsteht ein Trampelpfad.
Die immer wieder gepflegten Gedanken, schaffen Trampelpfade im Gehirn, die zu einem bestimmten Ziel oder einer Handlung führen.

Das Nervensystem ist das Organ des Körpers, mit der engsten Verbindung zur Seele.

Kann man die Existenz der Seele beweisen?

Gibt es eine Seele? Dem berühmten Pathologen Rudolf Virchow (1821-1902), Begründer der Zellularpathologie, wird der Satz zugeschrieben: „Ich habe sehr viele Leichen seziert, aber eine Seele habe ich nicht gefunden.“

Er wollte damit sagen, dass es keine Seele gibt. Der berühmte Gelehrte hat sich in seinem Leben mehrfach in seinen wissenschaftlichen Behauptungen geirrt, und in diesem Falle ist es nicht anders.

Aber der Irrtum, dass der Mensch nur aus dem physischen Leib besteht, ist in unserer Zeit leider zum Standard geworden.

Es gab immer wieder Versuche, die Existenz der Seele zu beweisen, z.B. mit der Kirlianfotografie, aber die Ergebnisse waren aus dem Blickwinkel der Schulwissenschaft nicht akzeptabel. Dass die Seele existiert, kann man bis heute nicht beweisen.
Man könnte einen Vergleich mit der Geschichte der Entdeckung der Röntgenstrahlen anstellen: Wilhelm Conrad Röntgen (1845–1923) entdeckte am 8. November 1895, im Physikalischen Institut der Universität Würzburg, per Zufall bei einem Experiment, die Röntgenstrahlen.
Für viele war dies etwas ganz Neues.
In den Zeitungen von damals fanden sich immer wieder Karikaturen mit klapprigen Skeletten, die ihn und seine Entdeckung lächerlich machten. Er wurde als Scharlatan verschrien und von Seiten der übrigen Ärzteschaft stark kritisiert. Im Jahr 1901 bekam er für die Entdeckung der Strahlen, die nach ihm benannt wurden, den Nobelpreis für Physik. Heute wäre eine Medizin ohne diese, seine diagnostische Methode unvorstellbar, die in der Folge vielen Menschen geholfen hat.

Die Röntgenstrahlen gab es schon vor ihrer Entdeckung: Es sind unsichtbare Energien, die man nur mit dafür geeigneten Geräten nachweisen und messen kann.
Heute stehen uns diese Geräte und Messmethoden zur Verfügung.

Die Seele existiert, aber man kann sie bisher nicht wissenschaftlich belegen!
Sie besteht aus unsichtbaren Energien, für die man noch nicht die geeigneten Messgeräte erfunden hat.

Der Sitz der Seele ist im Gehirn

Das Nervensystem ist das Organ des Körpers, welches die engste Verbindung mit unserer Seele hat. Die Selbstheilungskräfte des Körpers fließen die Nervenbahnen entlang.
Die Steuerungszentrale für unser Nervensystem ist in unserem Gehirn.
Das Herz der Seele, der Wesenskern, befindet sich auch in unserem Gehirn, in der Nähe der Hirnanhangdrüse (Hypophyse), unter dem Bereich von Hypothalamus und Thalamus.
Von hier strömt die energetische Lebenskraft zu den sieben Energiezentren oder Bewusstseinszentren, auch Chakras genannt und zu allen Organen des Körpers.

Die Hypophyse ist die zentrale Leitdrüse des Körpers.
Sie reguliert alle anderen Drüsen und bildet mit ihnen Regelkreise.

Je mehr wir nach dem Gesetz der Liebe leben, desto besser fließen die göttlichen Energien über die sieben Chakras oder Bewusstseinszentren der Seele und umso gesünder und glücklicher sind wir.

Die sieben Energiezentren der Seele
Die 7 Chakras

Wir Menschen besitzen einen feinstofflichen Energiekörper, Seele genannt, ob wir es glauben oder nicht.
Die Seele hat sieben Energiezentren, auch Chakras genannt, die mit den entsprechenden Organen des Körpers verbunden sind.
Wenn eine Krankheit vorliegt, dann sind ein oder mehrere Bewusstseinszentren der Seele - Chakras - energiearm, verschattet und blockiert. Wie kommt es dazu?

Jedes negative Gefühl, jede Empfindung, jeder Gedanke, jedes Wort und jede Handlung, die gegen Menschen, Tiere, Natur oder unsere Erde gerichtet sind, wirken dem kosmischen Gesetz der Liebe, dem göttlichen Gesetz von Ursache und Wirkung, letztendlich uns selbst entgegen.

Eine solche Negativität wirkt auf den Menschen wie dunkle Schatten, die sich über ein oder mehrere seiner Energiezentren herabsenken, sie verfinstern, zu Energieverlust führen und sich irgendwann in Form einer Krankheit oder eines Schicksalsschlages äußert.

Eine genauere Beschreibung der Beziehungen zwischen negativen Gedankenmustern, Körperorganen und den sieben Chakren oder Bewusstseinszentren der Seele, habe ich zusammengefasst in meinem Buch:

»Ganzheitsmedizin • Vegetarismus • Spiritualität«
Welche Botschaft hat meine Krankheit?

Das Gehirn für ein „höheres" Bewusstsein trainieren

Menschen, die sich für den Weg der geistigen Evolution entscheiden, sollten ihr Computer-Gehirn, die Fabrik der Gedanken, neu programmieren als Antenne für das Göttliche, das Feine, das Edle und für das Gesetz der Liebe. Folgende Texte aus der Göttlichen Weisheit beschreiben einiges darüber:

»Ein großer Teil der Gehirnmasse, also der Gehirnzellen, ist ausschließlich für die Kommunikation mit dem Göttlichen, der ewigen Intelligenz, bestimmt. Dieser Teil der Gehirnmasse kann durch unser menschliches Denken, Reden und Handeln nicht belichtet, also gefüllt werden.

Wer seine Gehirnmasse beleben und viele Gehirnzellen erwecken möchte, muss sich zuerst bemühen, die göttlichen Gesetze zu erkennen und sie dann auch verwirklichen. Denn dieser große Teil der Gehirnmasse ist für die göttliche Intelligenz vorgesehen und nicht für den Intellekt.

Durch ein geistiges Gehirntraining aktivieren wir die Selbstheilungskräfte in uns und tragen zu mehr Dynamik in unserer Gehirnaktivität und zur Energiesteigerung im Körper bei.

Diesen Prozess der Umwandlung schaffen wir kaum aus eigener Kraft, doch wir haben einen Helfer, der Gottes Geist in uns, mit dem wir uns verbinden können und das, so oft wir wollen. Dieser Umwandlungs-, bzw. Unterstützungsprozess macht den Weg frei zum Geistbewusstsein, zum Geist Gottes, der uns dann mehr und mehr zu führen vermag.

Wir entwickeln dadurch ein Feingefühl, die Gefühls- und Gewissenswaage wird aktiviert und wir bekommen von Ihm mahnende Impulse, die uns helfen das Allzumenschliche umzuwandeln.
So aktivieren wir im positiven Sinne unser Ober- und Unterbewusstsein, stärken unser Gedächtnis und dadurch wird unsere Aura lichter und heller und wirkt wie ein Magnet für weitere positive Kräfte.

Unser Erdenleben ist eine große Chance!

Wir sind auf dieser Erde um zu lernen, uns zu veredeln und um die geistige Evolution anzustreben.

Lernen bedeutet Umdenken, konsequentes Üben und Trainieren, um das falsche Denken immer wieder in die richtigen Bahnen zu lenken, um die Umprogrammierung zum Positiven zu erlangen.«

»Je mehr sich der Mensch im Laufe dieses
Umpolungsprozesses Gott hingibt,
umso mehr Geistkraft fließt in seine Seele
und in die Gehirnzellen ein.«

»Jeden Tag schenkt uns Gott, die geistige Kraft in uns, seine Energie, damit wir Belastungen der Seele, die wir in diesem Leben und in Vorinkarnationen geschaffen haben, erkennen und überwinden können, damit wir mehr und mehr in das Leben, in Seinem Geiste der Liebe hineinwachsen.«

Göttliche Weisheit (17)

Intellekt oder innere Weisheit der Seele

Vor einiger Zeit las ich das Buch „Heilen mit Liebe", von einem vegetarischen Arzt, einem Kardiologen. Folgende Texte aus diesem Buch und aus anderen Quellen zeigen den Unterschied zwischen Intellekt und innerer Weisheit der Seele:

»Die Wissenschaft vermittelt uns das Wissen, aber wir brauchen die Weisheit. Wir schauen auf die Wissenschaft, um eine Erklärung dafür zu finden, warum manche Menschen gesund werden und andere nicht.
Intellektueller Ehrgeiz führt in die Irre, die Wahrheit ist einfach. Alles, was nicht intellektuell ist, gilt in unserer Kultur als Schwäche - Intuition, Geist, Seele, Herz.
Bis in die jüngste Zeit hinein hatten diese Dinge für die Menschen nicht viel Wert, und oft werden sie abwertend und als Gefühlsduselei bezeichnet.
Sobald Wissenschaftler das Wort Mystizismus hören, reagieren sie oft sehr unangemessen.«

Der ganze Körper verändert sich mit seinen Gedanken und Gefühlen. Dinge, die nicht gemessen werden können, sind sehr real und wertvoll.
Dinge, die sich nicht beweisen lassen, können die Grundlage für ein besseres Leben sein.
Ich glaube, der Mensch sucht Liebe und Verbundenheit.
Wir sind an sich soziale Wesen, und wir leben in einer Kultur, in der es nur ums Geld geht. Ich glaube, dass viele Dinge, die wir als Krankheitszustände betrachten, in Wirklichkeit der Hunger nach Liebe und Verbundenheit sind.«

QUELLE: Dr. med. Dean Ornish aus dem Buch »Heilen mit Liebe«

»Viele Menschen sind sehr stolz auf ihr Verstandesdenken, das sie als Intellekt oder gar als Intelligenz bezeichnen. Viele Wissenschaftler z.B. suchen und forschen nur im materiellen Bereich. Sie sehen im materiellen Sein die einzige Realität und die einzige Möglichkeit, Erfahrungen sammeln zu können, um eventuell berühmt zu werden.
Je intellektueller der Einzelne ist, umso enger ist sein Bewusstsein.
Menschen, die nur auf die Materie bezogen sind, wollen ihre Meinungen durchsetzen und ihr Wissen anerkannt sehen.
Ein wahrer Wissender ist ein Weiser.
Er diskutiert nicht, er weiß. Nur Unwissende diskutieren.
Wer nur mit dem Verstand, ohne Weisheit, agiert und reagiert, bleibt in seiner Beurteilung einseitig.
Er ist ein Gefangener seines Ichs.«

Göttliche Weisheit (9)

»Intellektuelle Menschen haben nur Wissen, doch selten Weisheit. Geistige Menschen haben Wissen und Weisheit. Wir sollten frei werden vom intellektuellen Denken, um die innere Weisheit, die göttliche Weisheit zu erlangen.
Die Mentalität eures wahren Wesens soll zum Durchbruch kommen, damit sich das Innere im Äußeren widerspiegelt. Der unpersönliche Mensch ist das göttliche Wesen im Erdenkleid, das göttlich empfindet und denkt.«

Göttliche Weisheit (16)

»Der Unwissende urteilt sehr schnell, weil er noch nicht in der Lage ist, sich für tiefere Wahrheiten zu öffnen.
Jeder sieht die Wahrheit entsprechend seinem intellektuellen Denken und seiner eigenen Erfahrung.

Der Wissenschaftler glaubt, die Naturgesetze wären die ganze Wahrheit; der Theologe denkt, seine Dogmen seien die Wahrheit; für den Bibelgläubigen ist der Buchstabe des Bibelwortes die Wahrheit; für den Künstler seine schöpferischen Einfälle und für den Philosophen die Ideen und Begriffe.
Das alles sind mehr oder weniger menschliche Bewusstseinsaspekte, Vorstellungen der Wahrheit, jedoch nicht die Wahrheit selbst. Aber der Mensch urteilt aus diesen Erkenntnisbereichen heraus.

Wer also behauptet, dass nur er die Wahrheit besitze, der täuscht sich gewaltig. Wer jedoch in der Verwirklichung der ewigen Gesetze steht, wird nicht mehr aus diesen Bewusstseinsaspekten heraus sprechen, sondern er ahnt die innere Wahrheit und bemüht sich, selbstlos zu werden, frei zu fühlen und positiv zu denken.

Nur durch die Einkehr in das Innere, zu dem Königreich in uns, nur durch die Einswerdung mit dem Göttlichen erlangen wir Einblick in die unzähligen Facetten der inneren Wahrheit, um alles richtig zu sehen und einzuordnen.

Die absolute Wahrheit ist in jedem von uns, deshalb müssen wir uns in Gott versenken, indem wir in allen Lebensformen das Walten des Göttlichen erkennen;
wir müssen Seine Gesetze verwirklichen, so dass wir unserer inneren Heimat zuwandern, um mit der ewigen Heimat vertraut zu werden.
Das irdische Leben ist eine Schule der göttlichen Liebe und Weisheit. Wer diese Schule erfolgreich beendet, hat den Zweck seines Erdenlebens erfüllt. Der Zweck unseres Erdenlebens ist, wieder zur inneren Liebe zu werden.

Haben wir gelernt, in rechter Weise zu lieben, erlangen wir auch göttliche Weisheit, denn Gott ist Liebe und Weisheit.

Dann ertönt in uns die Stimme der Seele heller und klar, die Stimme Gottes, die uns zur inneren Leuchte und zum inneren Führer wird.
In jeder Seele liegt unerschöpfliches, göttliches Wissen bereit. Je reicher unsere Seele wird, umso mehr werden sich göttliche Weisheit und Liebe entwickeln und sich dem Menschen als bewusstes Wissen und tiefe Wahrheit mitteilen.
Durch die Liebe zu Gott finden wir zur höchsten Weisheit. Die Sehnsucht und Liebe nach Gott nähren die Seele, erleuchten den Menschen und machen ihn wahrhaft weise.
Die Weisheit Gottes ist von anderer Natur und viel höher als Wissen, denn das Wissen, auch das geistige Wissen, allein bringt uns noch keine Weisheit.
Viele meinen, bei einem bestimmten Menschen oder in einem bestimmten Buch die Weisheit zu finden und gar dadurch weise zu werden. Sie schauen nach außen, um das zu finden, was nur im Innersten zu suchen und zu erfahren ist: Die Liebe und Weisheit Gottes.

Das Licht der inneren Wahrheit und Weisheit wird in uns nur dann verstärkt brennen, wenn wir erfüllen, was wir uns angelesen oder angehört haben.
Wer Gottes Allmacht und Liebe anstrebt, der erfülle Seine Gesetze, veredle seine Sinne, reinige seine Seele und richte sein Leben auf die All-Weisheit und Liebe aus.
Haben wir genügend göttliche Weisheit erlangt, dann erkennen wir die Menschen so, wie sie sind, nicht wie sie sich geben. Keiner kann uns etwas vortäuschen.

Die innere Weisheit gibt uns äußere Sicherheit.
Sie zeigt uns über die Empfindungen alle Gefahren, die uns auf dem Weg zur Absolutheit begegnen können.
Unser ganzes Sinnen und Trachten sollte sein, Gott, unserem Vater, zu gefallen.

Nur durch die Liebe, die wir unserem ewigen Vater erweisen, kann die göttliche Weisheit geboren werden und in uns wachsen.

Das höchste Wissen besitzt die göttliche Liebe und Weisheit. Diese himmlischen Gaben können wir jedoch nur erlangen, wenn wir uns nach der Liebe des Allmächtigen sehnen und das Gebot aller Gebote, die Liebe, erfüllen.

Wir müssen an uns selbst arbeiten. Das ist das Gesetz: Erkenne dich selbst, verwirkliche, erfülle und werden dadurch rein und wieder das Ebenbild des ewig himmlischen Vaters.
Auf dem Weg zum Inneren Leben, zur himmlischen Liebe, Weisheit und Wahrheit erkennen wir, dass unser Körper nicht unser wahres Selbst ist und unser Intellekt nicht unser wahres Wesen.

Unser erwachtes ewiges Bewusstsein möchte, dass wir auf Erden schon weise werden und die Einheit mit Gott, unserem Vater, erlangen.
Erst wenn wir zur höheren Wahrheit erwacht sind und erkennen, dass hinter dieser Welt, das ewige Leben des Schöpfergeistes steht, der allein das Absolute und Wirkliche ist, der alles durchdringt, belebt und beseelt, werden wir festen Schrittes dem Ziel zueilen.

Würde die ganze Menschheit nach Reinheit und Göttlichkeit streben, dann wäre auch unser Weltbild hell und licht, die Völker würden zu einem Volke werden, und die Grenzen würden fallen.
Nicht nur Menschen und Seelen würden den Weg der gesetzmäßigen Evolution beschreiten, auch die Erde und das gesamte Sonnensystem könnten durch unsere Ausstrahlung in höhere Schwingung gebracht werden.«

Göttliche Weisheit (1)

Lebenshilfen zum Thema Konzentration und Unterbewusstsein

Frei zu werden, von dem was im Unterbewusstsein gespeichert ist und uns steuert, ist nicht einfach, deshalb habe ich einige Texte aus diversen Quellen zusammengefasst:
»Bleiben wir bei der Bejahung des Gottgewollten, dann wird mit der Zeit unser Unterbewusstsein reagieren und die von uns ausgehenden positiven Aspekte dem Körper übermitteln.
Eine große Hilfe für eine wachsame, konzentrierte und gewissenhafte Lebensführung wäre, schon am Morgen eine entsprechend aufrechte innere und auch äußere Haltung einzunehmen und diese möglichst den ganzen Tag über beizubehalten.
Vollziehen sich die Abläufe unseres Denkens, Redens und Handelns diszipliniert, sind wir bestrebt, gesammelt, bewusst und geradlinig durch die wechselnden Tagessituationen zu gehen, so sparen wir viel Energie und bleiben ruhig, besonnen und frisch bis in den späten Abend.

Wir können uns vorgeben: Was du denkst, denke ganz.
Was du sprichst, sprich es bewusst.
Was du tust, sei voll konzentriert.
Sei du ganz bei allem, bei deinen Gedanken, Worten und Handlungen.
Wir müssen lernen, uns von nichts und von niemandem ablenken zu lassen.
Nur auf diese Weise lernen wir intensive Konzentration.
Wer gesammelt bleibt, bleibt auch geistig wach.
Er schließt sein Ober- und Unterbewusstsein auf für das Überbewusstsein, den Geist.
Ihn kann keine Fremdsuggestion treffen.

Auf diese Weise polen wir das Unterbewusstsein zum Positiven um, so dass die positiven, die heilenden, die helfenden Kräfte in unserem Körper aktiv werden und wir die Sprache der Organe verstehen lernen.

Bewusstes positives Training unseres Gehirns steigert die Merkfähigkeit, Konzentration und auch das Erinnerungsvermögen. Ein geistig leistungsfähiges Gehirn entwickelt schöpferisches Denken und Wachheit, um das Überbewusstsein, das Geistbewusstsein, zu empfangen.«

»Trainieren wir unser Gehirn zum Positiven,
dann gewinnen wir innere Ruhe.«

»Wir werden die Sprache unseres Körpers vernehmen und gesunde Nahrung zu uns nehmen. Wir werden ganz allmählich mit dem Überbewusstsein, dem Geist in uns, unsere Arbeit verrichten und uns auf alles, was wir tun, konzentrieren.
Ein positiv aktives Gehirn, ein gesundes, bewusstes Gedächtnis ist ein großer Schatz, ein Helfer bei unserer Arbeit, in der Familie, in allem, was wir denken, reden und tun. Wir sind lern- und leistungsstark, ein bewusster Denker und Redner, der im Sinne des Geistes handelt.«

Göttliche Weisheit (1)

Teil II

Die Wirkung von Gedanken

Jeder Gedanke ist wie ein Bumerang

Jeder Gedanke, den man denkt, ist ein Bumerang.
Deswegen sollten wir mit unseren Gedanken und Worten vorsichtig sein, denn alles, was wir aussenden, kommt auf uns zurück.
Wenn wir jemanden hassen, fällt der Hass auf uns zurück. Wenn wir andere lieben, fällt Liebe auf uns zurück.

Intensiv negativ gesendete Gedanken und Worte sind dreifach belastend:
Erstens verletzen sie den, der sie denkt und belasten seine Seele.
Zweitens verletzt er die Menschen, zu denen er sendet.
Drittens verletzt er die gesamte Menschheit, da er die gesamte Erdatmosphäre vergiftet.

Negative Gedanken vergiften die Atmosphäre

In der Atmosphäre gibt es viele unsichtbare Wolken, die aus Gedanken-Energien bestehen.
Es sind gigantische Energiefelder, mit all dem, was viele Generationen von Menschen seit Tausenden von Jahren gedacht haben. Rund um den Globus gibt es wenig positive und leider zu viele negative Wolken, bestehend aus diesen verschiedenen Gedankenkomplexen.

Wir müssen sehr vorsichtig sein mit den Gedanken-Energien, die wir aussenden, denn sie haben einen Einfluss auf uns und auf andere Menschen.
Wir verschatten dadurch unsere Seele.

Alles was wir machen, hat eine Wirkung, z.B., wenn wir Fisch, Fleisch oder tierische Produkte konsumieren, geben wir den Auftrag zum Töten: Es ist schier unfassbar, welch ein Tierleid durch Massentierhaltung und Schlachtung verursacht wird.
Es sind weltweit jedes Jahr ca. 65 Milliarden Tiere, die für den menschlichen Verzehr getötet werden!

Jeder von uns ist energetisch mehr oder weniger an der Waffenproduktion und den Kriegen dieser Welt beteiligt: Wenn wir in Streit, Feindschaft und Intoleranz mit unserem Partner, Familienangehörigen, Nachbarn, Arbeitskollegen leben. Insbesondere, wenn wir Hass-, Rache- oder Angst-Gedanken pflegen.
Dadurch senden wir negative Energien in die Atmosphäre, die diese Energiefelder nähren und sich später in Waffen materialisieren oder beeinflussen Menschen, sich zu bekämpfen und zu töten.

Der Mensch hat sogar, durch seine seit Jahrtausenden gesendete Negativität, die genetische Evolution der Spezies und das Verhalten vieler Tiere und Lebewesen beeinflusst. Einige, die früher nur Aasfresser waren, sind zu Jägern geworden. Andere haben sich zu lästigen Schädlingen entwickelt.
Plagen, Seuchen, Krankheiten der Pflanzen- und Tierwelt sind durch gesendete negative Gedanken, Gefühle, Worte und Taten entstanden.
Zimmerpflanzen oder Haustiere erkranken oft, wenn der Besitzer oder in der Familie eine schlechte Gedanken-Atmosphäre herrscht. Sie nehmen mit ihrer Krankheit einen Teil der Negativität auf.
Die Feindseligkeit und Aggressionen sind verantwortlich, dass Tiere beißen oder zu Kampfhunden werden.
Die Natur, so wie wir sie jetzt kennen, ist nicht mehr das, was sie ursprünglich war.

Wenn jemand nur Sex im Kopf hat und sich zu sehr mit erotischen Zeitschriften und Internet-Pornographie, niedriger Sexualität und Perversionen beschäftigt, nährt er gigantische Energiefelder der Sexualität in der Atmosphäre, die andere Menschen auf dieser Erde infizieren. Dadurch ist auch er mitverantwortlich, dass in dieser Welt mehr Sexualverbrechen stattfinden oder, dass mehr Frauen und Kinder missbraucht werden.

Menschen, die Bosheit, Zornausbrüche, Hass, Intoleranz, Rache, Gier oder Sexsucht senden, sind „gefährliche" Menschen: Ihre Gedanken, Gefühle und Worte sind unsichtbare Energien und Informationen, die in den Äther geschickt und von denen empfangen werden, die für solche Schwingungen empfänglich sind.
Und umgekehrt, Menschen die positive und edle Gedanken pflegen, helfen damit Anderen in ihrer Nähe und Ferne.

Unsere Gedanken bestimmen über Krankheit oder Gesundheit

Wir leben in einer Zeit in der, trotz scheinbar großem medizinischem Fortschritt, immer mehr Menschen krank werden. Die Schulmedizin behandelt hauptsächlich die Symptome mit Medikamenten und Operationen.
Die Ursachen vieler Krankheiten bleiben ihr verborgen.

Die Ursache der Krankheit wird in der Schulmedizin zu sehr im Äußeren auf materieller Ebene gesucht. Solange die moderne Medizin nicht erkennt, dass der Mensch sich seine Krankheit im weitesten Sinne selbst geschaffen hat, wird sie „blind" bleiben.

Schon als Medizinstudent war ich auf der Suche nach den „wahren Ursachen" von Krankheiten. Durch die praktische Arbeit mit vielen Patienten durfte ich mehrere Jahrzehnte lang einen Erfahrungsschatz über den geistigen Hintergrund von Krankheiten sammeln. Diesen habe ich in meinem Buch »Ganzheitsmedizin • Vegetarismus • Spiritualität« zusammengefasst und niedergeschrieben.

Früher, im kirchlich geprägten Mittelalter, wurde die Krankheit als Strafe Gottes angesehen. In der modernen Medizin werden die Ursachen im Äußeren gesucht, als Zufall der Genetik, Gen-Defekte, schlechte Erbanlagen, Krankheitserreger oder Umwelteinflüsse.
Eine ungesunde Lebensweise und Fehlernährung werden zwar auch als Ursache der Krankheit betrachtet, jedoch dagegen getan wird wenig oder gar nichts.

Krankheiten kommen nicht per Zufall auf uns zu. Sie haben einen tieferen Sinn. In vielen Fällen ist das, was wir als Krankheit verstehen, in Wirklichkeit der Versuch des Organismus, die Gesundheit wiederherzustellen.
Viele Krankheiten, wie Erkältung, Hautprobleme oder Durchfall sind nichts anderes als Entgiftungsreaktionen des Körpers. Bei chronischen, degenerativen Erkrankungen hat der Mensch jahrelang die Signale des Körpers ignoriert.
Eine Krankheit hat nicht nur eine Ursache, sie ist die Summe mehrerer Faktoren!
Krankheit ist ein Signal des Körpers und der Seele.
Eine Botschaft die sagt, dass wir etwas falsch gemacht haben, in diesem oder in einem Vorleben, und das wir uns ändern sollen. Die Ursache der Krankheit liegt in uns, meistens auf Grund von Disharmonien: Negativen Gefühlen, Gedanken, Worten, Handlungen, sowie ungesunder Ernährungs- und Lebensgewohnheiten.

Krankheiten, Unfälle und Schicksalsschläge sind ein Hinweis, ein Hilferuf der Seele und des Körpers, uns selbst zu ändern. Sie bringen uns zum Nachdenken, öffnen uns die Augen für das Wesentliche im Leben, und können helfen, Gott näher zu kommen und unserem Leben eine neue bessere Richtung zu geben.

Der Sitz der Krankheit oder Gesundheit ist in unserem Gehirn

Krankheit und Gesundheit haben ihren Sitz im Gehirn, in der Gefühls- und Gedankenwelt:
Krank werden wir, wenn wir negativ senden in Form von Gedanken, Worten und Handlungen gegen das Gesetz der Liebe; wenn wir die Ego-Aspekte des Charakters nicht abbauen und den Sinn des Lebens nicht erkennen.

Unsere Empfindungen, Gedanken, Worte und Werke prägen unsere Persönlichkeit. Alle unlauteren, gegensätzlichen Empfindungen, Denk-, Rede- und Handlungsweisen sind Bausteine am Gebäude unseres Schicksals.
Sind unsere Gedanken disharmonisch, gar böse, so belasten wir eines oder mehrere der sieben Bewusstseinszentren der Seele.
Viele Menschen werden krank, weil sie nicht wissen, dass sie sich falsch ernähren oder weil sie mit ihren Problemen und Lebenssituationen nicht zurechtkommen.
Der Weg zur wahren Gesundheit geht über Selbsterkenntnis und positive Veränderungen.
Veganismus und Vitalkost gehören zum Weg zur Gesundheit, sowie eine gelebte Spiritualität nach dem Gesetz der Liebe in Gedanken, Worten und Handlungen.

»Krankheit und Gesundheit beginnen
in unserer Gedankenwelt, in unserem Gehirn.«

Wirkliche Heilung ist eine innere Heilung

Folgende Texte aus einem geistigen Buch erklären den Einfluss unserer Gedanken auf die Gesundheit:
»Gedanken sind Kräfte, die auf unser Nervensystem und auf unsere Seele einwirken. Es liegt folglich ganz an uns, was wir aus unserem Leben machen.

Positive Gefühle wie Güte, Liebe, Freundlichkeit und Wohlwollen wirken auf das Nervensystem und die Seele ein. Sie entspannen das Nervenbewusstsein, bringen es in Harmonie, reinigen den Organismus und lassen die lebensspendenden Ströme verstärkt in den Körper fließen. Die Heil- und Lebenskräfte entgiften den Organismus, so dass er die krankheitserregenden Einflüsse überwindet. So kann sich ein kranker Körper in einen gesunden verwandeln. Das bedeutet:
Wenn wir unsere Gedanken immer mehr verfeinern, wenn unsere Selbstlosigkeit den ganzen Tag anhält, dann wird der Kraftstrom in uns alles Negative umwandeln, die Seele mit Licht füllen und den Körper von allen Schadstoffen reinigen, ihn gesund werden lassen, das heißt, ihn heilen.

Der wirkliche Heilungsprozess muss innerlich durch die Heil- und Lebenskräfte erfolgen. Daher ist es notwendig, dass wir uns auf die All-Harmonie einstimmen, um mit dem Allmächtigen in Einklang zu gelangen.«

Göttliche Weisheit (1)

Gott ist Leben, Gott ist Liebe, Gott heilt

»Gelangen wir in das verstärkte Einströmen dieser allmächtigen Kraft, dann sind wir von innen heraus mit allen Menschen und Wesen geeint und gesund – wir leben. Nur der erkennt, was Leben bedeutet, der in Gott lebt. Alles andere ist, vom Geiste aus gesehen, nur ein Vegetieren.

Jesus von Nazareth richtete an die Kranken, die zu Ihm kamen, fast immer diese Frage: „Glaubst du?"

Damit regte Er die lebensspendenden Kräfte zur inneren Heilung an. Der Mensch begann nachzudenken. Er begann, allmählich an Gesundheit zu glauben und diese zu bejahen.

In dem Maße, wie sich der Heilungssuchende an Christus, die zentrale Kraft, wendet, wird er auch Heilkraft empfangen. Deshalb sollte jeder Heilungssuchende sich Christus hingeben und sich aufschwingen zu einem lebendigen Erkennen und Bejahen der Allmacht, auf dass er die inneren Kräfte aktiviert.

Um eine dauerhafte innere Heilung durch den Geist zu gewinnen, muss der Heilungssuchende sich in seinen Empfindungen und Gedanken auf eine höhere Ebene begeben und sich bemühen, dort zu bleiben.

Jesus von Nazareth sagte:

„Gehe hin und sündige fortan nicht mehr."

„Deine Sünden sind dir vergeben."

Seine Botschaft bedeutet: Jede Krankheit und jedes Leiden sind unmittelbar oder indirekt die Folgen der bewussten oder unbewussten, absichtlichen oder unbeabsichtigten Übertretungen der göttlichen Gesetze, die sich in den Zehn Geboten befinden.

Wohl können in unserem Körper noch häufig die Nachwirkungen früherer Ursachen spürbar sein, aber die Ursache selbst ist aus der Seele geschafft.

Sogar ein - infolge früherer Ausschreitungen - gegensätzlicher Zustand kann allmählich wieder in Ordnung kommen, sobald im Menschen die geistigen Kräfte vermehrt aktiv werden. Müssen wir jedoch eine Wirkung austragen, so denken wir daran: Was sich im Körper auswirkt, liegt nicht mehr in der Seele. Diese Erkenntnis sollte in uns Freude und Dankbarkeit erwecken.«

Im Geiste Gottes gibt es keine Krankheit

»Wir sind Wanderer zur Absolutheit. Die Essenz aller Lebensformen ist in uns. Wir müssen wieder das werden, was wir einst waren und wie Gott uns ewig schaut: Vollkommen, also das ewige Gesetz selbst.

Wir erkennen uns als unsterbliches geistiges Wesen, das nur in einer Hülle, in einem Gefährt, lebt, das es zu vergeistigen gilt. Dann sehen wir nicht mehr auf unseren Körper, der allerlei Krankheiten unterworfen ist. Wir erkennen die Tatsache, dass wir Geist aus Seinem Geiste sind. Dann leben wir wieder im Gottes Gesetz und nicht mehr unter der Wirkung des Gesetzes, im Kausalgesetz.

Die Kräfte der Liebe kommen sodann nicht nur von innen, aus dem Wesenskern unserer Seele, sondern auch von außen, von lieben Menschen, aus der Natur oder von den Gestirnen, denn alles besteht durch die Liebe Gottes. Sie fließen uns zu und stärken, von außen nach innen, unsere Seele und auch unseren Leib. Die selbstlose Liebe verbindet uns mit dem Urquell, dem Ursprung der Quelle, weil sie Liebe ist.

Tausende von Menschen mit schwächlichem und leidendem Körper könnten stark und gesund werden, wenn sie dem absoluten Geist nur die Gelegenheit geben wollten, Sein Werk der Liebe in ihnen zu tun.« Göttliche Weisheit (1)

Sieg über Bakterien, Parasiten und Viren

Krankheitserreger oder Heilungsoptimierer?

In der Schulmedizin werden seit ca. 150 Jahren die Mikroben als Schädlinge betrachtet, vergleichbar mit einer gefährlichen gegnerischen Armee, die es zu eliminieren gilt. Dies wird aber sehr schwierig sein, denn wir leben schon seit Anbeginn der Zeiten in Symbiose mit ihnen. Sie sind sehr anpassungsfähig an extreme Kälte und extreme Hitze. Sie sind für unser Auge unsichtbar klein und besitzen Mutationsfähigkeit, d.h. sie können sich verwandeln, um z.B. resistent gegen Antibiotika zu werden.

Wir tragen mehr Bakterien als Körperzellen in uns

Es gibt über 30 Millionen Mikroben-Arten auf der Erde. Über 200 verschiedene Mikroben-Arten sind ein fester Begleiter des Menschen.
Der menschliche Körper besteht aus mehr Mikroben (ca. 100 Billionen) als Körperzellen (ca. 10 Billionen).
Sie besiedeln die Haut, die Schleimhaut, die Nase, die Ohren, den Mund, den Darm. Darmbakterien helfen bei der Verdauung und beim Energiestoffwechsel. Ohne diese Mitbewohner wäre der Mensch nicht lebensfähig.
Unser Körper ist ein Ökosystem, genauso wie es das Naturreich darstellt.

Die unzähligen Lebewesen im Trinkwasser, die darin lebenden Mikroben, tragen zur Reinigung und Entschlackung der Gedärme des Menschen – wie der Tiere – bei und bauen die Darmflora auf. Sie sind die „Naturputzer des physischen Körpers" und von sich aus „nicht angriffslustig". Sie kommen einfach dorthin, wo sie sich wohl fühlen oder eine „Aufgabe" zu erledigen haben.

Die Mikrobe ist nichts, das Terrain ist alles

Der französische Physiologe Claude Bernard (1813-1878), und später Louis Pasteur (1822-1895), fanden heraus, dass nicht die Mikroorganismen allein schädlich seien, sondern vor allem das Milieu, in dem sie sich vermehren können: „Die Mikrobe ist nichts, das Terrain ist alles."

Antibiotika versagen immer öfters. Die moderne Medizin wird den „Krieg" gegen Bakterien, Viren und Parasiten so lange verlieren, bis sie erkennt, dass der Boden, das Milieu, das der Mensch sich mit seinen Gedanken, Worten und Handlungen, seiner Art, sich zu ernähren und zu leben, schafft, das Wesentliche ist.

Wer Fleisch, Wurst, Fisch, Meeresfrüchte, Käse und Milchprodukte isst, riskiert vermehrt den Befall durch Listerien, Yersinien, Proteus, Pseudomonaden, Clostridien, Helikobakter pylori, Campylobakter, Salmonellen, Hepatitis A Viren, E. Coli - EHEC, Staphylokokken - MRSA, Prionen - BSE, Bazillus Anthracis - Milzbrand, Parasiten uvm.

Das Gesetz von Ursache und Wirkung

Es gibt schon Mikroorganismen, die wirklich sehr schädlich sein können, wie z.B. Cholera, SARS, Grippe-, Aids- oder Ebola-Virus. Jedoch pathogene Keime können uns nur angreifen, wenn wir ihnen ein Milieu in unserem Körper und in unserer Seele anbieten.
Nach dem geistigen Gesetz von Ursache und Wirkung, kommt das Leid der Tiere in der Massentierhaltung und Schlachtung - 65 Milliarden jährlich! - auf den Menschen durch Krankheitserreger zurück.
Auch jede Art von negativen Gefühlen und Gedanken, können unseren Organismus und unser Immunsystem schwächen und die Seele belasten.

In Wirklichkeit sollten die Menschen eher Angst vor sich selbst haben, vor ihrer Gier, Selbstbezogenheit, Gewalt und ihren Aggressionen.
Der Mensch ist der größte Parasit und Schädling der Mutter Erde!

Unser Feind sind wir selbst!

Durch das Kaufen und verzehren von Fleisch, Geflügel, Wurst, Fisch, Eier und Milchprodukten gibt man indirekt den Auftrag zum Töten.
Das alles sind Ursachen, die nach dem Karma-Gesetz - dem Gesetz von Ursache und Wirkung - irgendwann auf den Verursacher zurückkommen, z.B. in Form einer aggressiven Virus-Erkrankung oder Schicksalsschlägen.
In manchen Fällen können Antibiotika bei schweren Erkrankungen wie z.B. Lungenentzündung, Hirnhautentzündung oder Blutvergiftung eine Hilfe und lebensrettend sein. Jedoch durch den Missbrauch von Antibiotika in der Massentierhaltung und in der Medizin ist das Problem der gefährlichen multiresistenten Bakterien, wie z.B. MRSA und EHEC entstanden.
In Zukunft werden wir Pandemien durch Krankheitserreger erleben, die dem Menschen die Lust an Fleisch und Fisch essen vergehen lässt.

Krankheitserreger aus der geistigen Sicht

Schädliche Bakterien, Parasiten und Viren, aus der geistigen Sicht gesehen, sind das Werk der Negativität der Menschen, und zwar vieler Generationen. Krankheitserreger selbst sind nicht der eigentliche Ursprung einer gesundheitlichen Störung. Die Ursache liegt allein in uns selbst, nämlich in unseren negativen Gedanken, Worten und Handlungen zeitlebens, oftmals gar über viele Inkarnationen hinweg. Erst die Bereinigung dieser Ursachen ist echte Heilung und Schutz.

Der beste Schutz

Der beste Schutz gegen schädliche Krankheitserreger, negative Umwelteinflusse, wie Elektrosmog und Radioaktivität, ist die Entfaltung einer höheren geistigen Schwingung in uns - ein Schutz von innen -, und zwar durch ein positives Leben nach dem Gesetz der Liebe und Einheit gegenüber allen Menschen und der Mutter Erde, mit all ihren Pflanzen, Tieren, Mineralien.
Folgender Text aus einem geistigen Buch ergänzt, wie wir uns vor Krankheitserregern und negativen Einflüssen von innen her schützen können:

»Wir müssen erkennen, dass kein Übel in unseren Körper eindringen oder gar sich dort festsetzen kann, wenn nicht schon in uns Gleiches oder Ähnliches vorhanden ist, also etwas Entsprechendes, das dem Eindringling das Festsetzen ermöglicht.
Ebenso kann kein unerwünschter Zustand, nichts Gegensätzliches, in unser Leben kommen, wenn nicht etwas da ist, das es anzieht und dadurch sein Kommen ermöglicht.

Warum fürchten wir uns vor Viren und Bakterien?

Wenn wir uns in Harmonie mit dem ewigen Gesetz der Liebe befinden, kann uns kein Krankheitserreger etwas anhaben.
Er kann weder eine Unpässlichkeit, wie z.B. eine Grippe auslösen, noch kann er uns weiteren Schaden zufügen. Ein Erreger kann mich nur in dem Grad beeinflussen, als ich selbst es ihm erlaube und möglich mache.

Wir müssen zwischen Ursache und auslösendem Faktor unterscheiden: Der Erreger ist keine Ursache und bringt keine solche mit sich, es sei denn, wir befinden uns auf der Schwingungsebene des betreffenden Erregers.

Das universelle Gesetz lautet: Gleiches zieht Gleiches an, und einander Entsprechendes verstärkt sich wechselseitig. Wenn wir unseren Gedanken und Vorstellungen, unseren Wünschen und Sehnsüchten freien Lauf lassen, so sind wir Sklaven unserer Umgebung, anstatt Herrscher über unsere Gefühle, Empfindungen, Gedanken und Vorstellungen.«

Ein Ebenbild Gottes werden

»Halten wir uns vor Augen, was es heißt, ein Mensch sollte Gottes Ebenbild sein, teilhaftig an Seinem Leben und an Seiner Kraft! Aber dieses Kind Gottes, geschaffen aus der Absolutheit, fürchtet und sorgt sich wegen eines Erregers, der von sich selbst aus nichts vermag, es sei denn, wir selbst verleihen ihm die Kraft, sich in unserem Körper auszuleben.

Der Mensch braucht immer einen äußeren Haken, an dem er sein Unvermögen aufhängen kann.
Er braucht einen Sündenbock, um sagen zu können: Es war ein Erreger, der mich gesundheitlich erlahmen ließ.
Das ist eine Selbsttäuschung. Wir drängen die geistige Kraft zurück, schwächen dadurch unseren Organismus und öffnen uns für äußere Einflüsse.
Doch wer gesteht sich ein, dass er selbst der Schuldige ist, nicht der Nächste oder, wie hier angesprochen, ein Krankheitserreger?

Der beste Weg, um zum Beispiel einem Erreger die Wirkung zu nehmen, ist Folgendes:
Stellen Sie in sich selbst einen reinen und gesunden Zustand her, indem Sie die Materie nicht als Wirklichkeit betrachten, sondern indem Sie den Geist, der hinter der Materie steht, als das reale Leben bejahen.«

Die Materie an sich hat keine Kraft!

»In uns ist die Kraft, die alles neutralisieren kann, was von außen kommt.
Sehen Sie sich nicht als Mensch, der ein Produkt und Objekt der Umwelt ist, sondern als geistiges Wesen, das der Materie zu widerstehen vermag, indem es seine Gesinnung ändert. Lassen Sie Worte in sich einschwingen wie:

„Ich bin ein Kind Gottes,
ausgestattet mit den Kräften des Absoluten.“

Die Worte müssen jedoch von Glauben und Vertrauen durchdrungen sein, nur dann erzielen wir die rechte Wirkung in uns.

Wir müssen uns bewusst machen, dass die Materie an sich keine Kraft hat, nur so viel, wie wir ihr verleihen.
Haben wir dies erkannt, dann brauchen wir uns auch nicht länger vor den Schwingungstendenzen der Materie, vor Krankheitserregern, vor Übeln und Schicksalsschlägen zu fürchten.

In dem Maße, wie wir unsere geistigen Kräfte erkennen und durch Verwirklichung anzuwenden wissen, werden wir die Materie beherrschen. Wir können sie befehlen.
Wir werden nicht mehr hörige Sklaven der Materie, einer scheinbaren Realität sein.«

Göttliche Weisheit (1)

Gedanken sind der Architekt des Schicksals und der Genetik

Mit unseren Gedanken bestimmen wir, ob wir krank oder gesund sind, glücklich oder unglücklich, frei oder unfrei, reich oder arm, Versager oder erfolgreich.

Die Gedanken sind die Basis für unsere Worte und Handlungen und geben unserem Charakter Form. Alles, was wir senden hat einen Einfluss auf die Köperzellen und Organe und auf unsere Gene.

Die Gene sind jedoch keine passiven Strukturen, die stereotyp in immer gleicher Weise „funktionieren". Unsere DNA ist ein gigantischer Informationsspeicher, der interaktiv auf Ernährung und Lebensweise, aber vor allem auf unsere Gedanken, Worte und Handlungen „reagiert".

Dawson Church vermittelt in seinem Buch, »Die neue Medizin des Bewusstseins - Wie Sie mit Gedanken und Gefühlen Ihre Gene positiv beeinflussen können«, ein Hintergrundwissen und stellt verschiedene Möglichkeiten vor, um günstige Bedingungen zu schaffen und so „Meister unserer Gene" zu werden.
Er vertritt, dass unsere Gene kein Schicksal sind, sondern sie lassen sich über unser Bewusstsein verändern und sogar an die nächste Generation vererben.

Gedanken bestimmen die nächste Reinkarnation

Heute beginnen immer mehr Menschen intuitiv zu spüren, dass es im Leben keine Zufälle gibt, und dass es keinen strafenden Gott gibt. Die Ursache der Krankheit sind wir selbst, und der Weg zur Gesundheit liegt in uns.
Die Vorgänge, die zur Krankheit führen, und die Krankheit selbst, das alles ist ein Teil des Gesetzes von Saat und Ernte, des Karma-Gesetzes, auch Kausalgesetz oder Gesetz von Ursache und Wirkung genannt.

»Was ich aussende, kommt wieder auf mich zurück.«

Über dieses Gesetz sprach schon Jesus von Nazareth: »Das, was der Mensch sät, das wird er ernten.«

Viele Religionen glauben an die Reinkarnation, auch die ersten Christen waren von ihr überzeugt.
Wer an die Wiedergeburt und an das Gesetz von Ursache und Wirkung glaubt, für den ist nichts Zufall, was auch immer ihm im Leben begegnet und geschieht.
Es gibt wirklich ein Leben nach dem Tod.
Wir leben nicht nur einmal, unsere Seele lebt weiter nach dem physischen Tod und muss wieder auf die Erde kommen, wenn etwas zu bereinigen ist, sich zu versöhnen oder eine andere Aufgabe ansteht.

Wir ernten im Laufe eines solchen Inkarnations-Zyklusses, der Hunderte von einzelnen Erdenleben umfassen kann, was wir zuvor selbst gesät haben.
Nicht das, was andere gesät haben!
Oft folgt die Ernte nicht unverzüglich auf die Saat.
Es können Jahre, Jahrzehnte, ganze Inkarnationen vergehen, bis dann vielleicht in einer der späteren Inkarnationen alle Bedingungen erfüllt sind, damit eine bestimmte Ursache zur Wirkung kommen kann.

Der aktuelle Körper ist die äußere Manifestation der Gedanken, die wir in mehreren Vorleben gehabt haben.
Mit unseren Gedanken, Worten und Handlungen im jetzigen Leben, bestimmen wir über die nächste Inkarnation, Körperform, Aussehen und die Menschen, mit denen wir zusammen sein werden.
Das Ziel ist nicht, dass wir immer erneut auf die Erde kommen müssen, sondern dass wir uns vom Rad der Wiedergeburt befreien.

Wir leben nicht nur einmal

Wiedergeburt, Reinkarnation, das Gesetz von Ursache und Wirkung, das Gesetz der Anziehung sind keine Esoterik, sondern geistige kosmische Gesetzmäßigkeiten.

Krankheiten, Unfälle und Schicksalsschläge sind oft ein Hinweis, ein Hilferuf der Seele und des Körpers, uns selbst zu ändern. Sie bringen uns zum Nachdenken, öffnen uns die Augen für das Wesentliche im Leben, und können helfen, Gott näher zu kommen und unserem Leben eine neue Richtung zu geben.
Das Wissen über „Wiedergeburt", „Reinkarnation" oder über ein „Leben nach dem Tod" kann uns helfen, vieles im Leben besser zu verstehen und zu meistern.

Techniken der Rückführung in vergangene Leben sind nicht zu empfehlen. Es hat einen tieferen Sinn, dass unsere Vorleben für uns verborgen bleiben.
Wir sind dadurch gegen Eindrücke geschützt, die unsere Beziehungen zu anderen Menschen stören könnten.
Wenn wir erfahren würden, was wir in Vorinkarnationen verursacht haben, wer waren die Menschen, mit denen wir zusammen gekommen sind, könnte dies dazu führen, dass wir sie auf- bzw. abwerten, meiden oder hassen.

Unsere Vorleben mit Rückführungs-Techniken erforschen zu wollen ist gefährlich, es kann viel Negatives in uns auslösen, Schuldgefühle, Aggressionen, Wut, Traurigkeit, Depressionen etc., das uns psychisch belastet und uns für unsere weitere Entwicklung in diesem Leben blockiert.
Die göttlichen Impulse durch die Energie des Tages bringen spontan die Belastungen der Seele ins Bewusstsein, mit denen wir in der Gegenwart arbeiten sollen.

»Durch positive Veränderungen des Menschen und ein gesetzmäßiges Leben kann sich vieles von allein lösen. Wenn die Seele gesundet kann auch der Körper heilen.«

Beweise über Reinkarnation

Intuitive Ahnungen über Vorinkarnationen kann jeder von uns aufgrund von Gesichtszügen, Aussehen, Körperbau, Vorlieben, Hobbys, Dekorationsgegenstände, die wir wählen, Fremdsprachen, die wir lernen, oder die Länder, zu denen wir uns hingezogen fühlen und reisen, erfahren. Wer Interesse an näheren Informationen zu diesem Thema sucht oder „Beweise" braucht, dem können folgende Bücher empfohlen werden, von Ian Stevenson:
»Reinkarnation - Der Mensch im Wandel von Tod und Wiedergeburt«
»Reinkarnation in Europa - Erfahrungsberichte«
»Reinkarnations-Beweise – Geburtsnarben, Muttermale belegen die wiederholten Erdenleben des Menschen«
Bücher über Nahtod-Erfahrungen von Elisabeth Kübler-Ross »Über den Tod und das Leben danach«, Dr. Jeffrey Long »Beweise für ein Leben nach dem Tod« oder Dr. Raymond A. Moody »Leben nach dem Tod«, gaben mir schon in der Zeit meines Medizinstudiums Antworten.

Sinn des Lebens

Wenn wir die Gedankenkontrolle lernen wollen, um frei, gesund und glücklich zu sein, sollten wir uns mit dem Sinn des Lebens beschäftigen.

Sinn des Lebens ist die geistige Evolution, die mehrere Aspekte beinhaltet:

- Lernen und unser Bewusstsein erweitern.

- Selbsterkenntnis: Frei werden von alten Schatten oder Belastungen der Seele, von unserem Ego und dessen allzu menschlichen Aspekten.

- Friedfertig werden, uns mit den Menschen, mit denen wir zusammen kommen, versöhnen, durch vergeben und um Vergebung bitten.

- Unsere „Lebensaufgabe" im „göttlichen Plan" finden: Anderen Menschen dienen und dazu beitragen, damit diese Welt besser wird.

- Die All-Einheit mit allen Menschen, Lebensformen der Natur, Mineralien, Pflanzen, Tieren erlangen.

- Eins sein mit der Quelle GOTT: Gott näher kommen und bestrebt sein, Seinen Willen zu tun.

- Die selbstlose Liebe zu entwickeln: Göttlich werden, wieder das werden, was wir in Wirklichkeit sind, Lichtwesen, Wesen der Liebe.

Wie gewinne ich eine positive Ausstrahlung?

Ausstrahlung ist etwas, das man nicht kaufen kann, sie ist die Energie, die von innen nach außen strahlt.
Wirkt jemand unangenehm, dann, weil er selbstbezogene oder negative Gedanken nährt und den schlechten Dingen im Leben mehr Platz lässt als den guten.
Viele Menschen konzentrieren sich zu sehr auf die Hindernisse des Lebens - Ängste, Sorgen, Probleme, Rechnungen, Schulden, selbstbezogene Ziele und Wünsche, Streit, Krankheit. Andere grübeln zu sehr über Vergangenes oder über das, was sie selbst oder andere falsch machen.

Warum haben manche eine traurige oder bedrückte Ausstrahlung, andere eine herzliche?
Was beeinflusst unsere Ausstrahlung? Die Antwort lautet: Alles was wir in unseren Gefühlen und Gedanken bewegen!
Um eine positive Ausstrahlung zu gewinnen, sollte man lernen, seine Gedanken zu kontrollieren und positiv zu senden.

»Wir sollten bestrebt sein, unabhängig zu sein von dem, was andere von uns denken.«

»Positive Ausstrahlung bedeutet, positive Gedanken pflegen.«

»Wir strahlen aus, was wir über uns denken.«

»Was wir in unserem Kopf bewegen, strahlen wir aus.«

Wie stärke ich mein Selbstwertgefühl?

Menschen mit Erfolg auf materieller Ebene, die viel Geld auf dem Konto haben, oder allgemein reiche Menschen, wirken oft selbstbewusst und selbstsicher. Auch viele Promis und berühmte Menschen, Politiker, Sportler, Models, Schauspieler, Sänger, Manager, Waffenbesitzer, Soldaten strahlen ein Selbstwertgefühl aus, das auf äußeren Faktoren basiert: Geld, Schönheit, perfekter Körper, Ansehen, Reichtum, Luxus, Ruhm, Machtposition, Waffen uvm. Das alles führt zu einer äußeren Sicherheit, einem Ego-Selbstwertgefühl, einer aufgesetzten Fassade und kein echtes Selbstwertgefühl oder Selbstsicherheit.
Es ist zu beobachten, dass wenn diese „äußere Fassade" wegbricht, solche Menschen zu Depressionen, Aggressionen neigen, alkohol- und drogensüchtig werden, oder sogar Selbstmord begehen.

Wie entwickle ich ein richtiges Selbstwertgefühl?

1) **Denke oder sage nichts Negatives**

Um ein wahres Selbstwertgefühl zu entfalten, sollte man sich angewöhnen, keinen negativen Kommentar über sich selbst zu machen, nichts Negatives über sich selbst denken oder sagen!
„Ich kann nicht", „Ich bin doof", „Das ist schwierig" sind Kommentare, die uns blockieren. Wenn ich denke, „Ich bin schwach", dann bin ich schwach.
Wenn ich denke, „Ich bin stark", dann bin ich stark.

»Mit unseren Gedanken und Worten bestimmen wir, ob wir schwach oder stark sind.«

2) **Sich nicht mit anderen Menschen vergleichen!**

Denn jeder von uns ist wertvoll und hat in sich viele positive Eigenschaften und Talente.

3) **Seinen eigenen Überzeugungen treu bleiben!**

4) **Innere Werte entfalten!**

5) **Sich nicht an andere Menschen anpassen!**

Viele Frauen passen sich dem Partner an, z.B. im Bereich Ernährung, sexuelle Wünsche, Hobbys uvm., natürlich geschieht dies auch gegenseitig. Wer sich mit anderen vergleicht, sich ständig anpasst oder klein macht, der kann auch kein gesundes Selbstbewusstsein entwickeln.

6) **Den Schatz in uns entdecken!**

Eine Liste unserer Talente und Fähigkeiten aufschreiben. Eine große Hilfe ist, die Stärken, positiven Talente und Eigenschaften im Tagebuch oder PC aufzuschreiben, sie immer wieder zu erweitern und öfter zu lesen, bis sie bewusst ein Teil unseres Selbst geworden sind. Wenn uns nichts einfällt, können wir die Liste damit beginnen, die positiven Seiten unseres Sternzeichens zu suchen und aufschreiben.

Wahres Selbstwertgefühl erreichen wir, wenn wir uns unserer eigenen positiven Eigenschaften, Talente und Stärken bewusst werden; durch eine positive Lebenseinstellung und lernen, in allem das Positive zu sehen.

»Ein wahres Selbstwertgefühl kann man entwickeln, indem man seine eigenen positiven Seiten entdeckt, die Talente und Fähigkeiten ausbaut, sich daran erfreut und sie weiter für seine Nächsten einsetzt.«

Selbstbewusst ist der, der seinen wahren Ursprung erkennt: Wir sind nicht von dieser Welt, sondern nur Gast auf dieser Erde.
Wir sind unsterbliche Geistwesen, Wesen der Liebe.
Wir leben nicht nur einmal. Dieses Leben ist eine Schule in der wir lernen, uns geistig zu entwickeln.

Frei werden von Angst

Ängste hat jeder ab und zu, mehr oder weniger. Aber wenn sie stark ausgeprägt sind und unser Leben total beeinträchtigen, muss man sie bearbeiten und umwandeln.

Angst hat viele Wurzeln und ist ein Begriff, hinter dem bei jedem Menschen andere Ursachen liegen. Z.B. suchen wir die Sicherheit zu sehr im Äußeren, wo wir sie nie finden werden. Angst kann auch die Folge von einem rein materialistischen Leben sein.

Die Kindheit prägt uns sehr stark und wir übernehmen oft Verhaltensmuster, Fehlhaltungen und Ängste unserer Eltern. Wichtig ist es, sie zu erkennen und sich davon zu befreien.
Erlebnisse aus Vorleben und die Art, wie wir damals gestorben sind, können in uns Ängste auslösen, z.B. Angst vor Wasser, wenn wir ertrunken sind uvm.

Es gibt verschiedene Arten von Angst:
Existenz- und Zukunftsängste
Angst vor Menschen
Angst zu versagen
Angst vor finanzieller Not und Pleite
Angst vor Arbeitsplatzverlust
Angst vor dem Tod
Angst vor Krankheiten, Viren und Krankheitserregern
Angst, sein Hab und Gut zu verlieren
Angst vor Diebstahl
Angst, dass unserem Partner und Kindern etwas passiert, vom Partner verlassen zu werden, oder das er fremd geht

Wenn Angst etwas Diffuses ist, hilft es, sie aufzuschreiben, um sie zu definieren:

Wovor ängstige ich mich? Was möchte mir die Angst sagen? Was kann ich dagegen tun?
In vielen Fällen ist Angst ein Zeichen von Selbstbezogenheit, ich denke zu sehr an mich, ich bin zu sehr materiebezogen, ich identifiziere mich zu sehr mit meinem Körper und habe die entsprechenden Bindungen an Menschen oder Gegenstände.

»Je mehr wir an uns denken,
desto mehr Ängste verspüren wir.«

Je weniger Fernsehen und Filme (Krimis, Aktion, Gewalt, Krieg, Zombies, Horror) man schaut, desto weniger Ängste hat man. Durch Filme, Internet, Bücher, Medien werden unsere Gehirnzellen und unser Unterbewusstsein programmiert, insbesondere bei Kindern.
Die Bilder, die wir sehen, prägen uns und können unser Verhalten negativ beeinflussen.

Eine andere Hilfe, um Ängste zu reduzieren wäre, keine Nahrungsmittel mehr zu essen, die die Schwingung von Angst und Leid tragen. Das bedeutet: weder Fleisch, Wurst, Geflügel noch Fisch. Stattdessen hochwertigere Nahrungsmittel essen, die viel Lichtenergie beinhalten, Obst, Gemüse, Samen und Wildkräuter.

Sport treiben, körperliche Kondition gewinnen, kann uns helfen Verspannungen zu lösen, uns „zu erden", das Selbstwertgefühl zu stärken und Angst zu bewältigen.
Sanfte Selbstverteidigungstechniken, z.B. Judo, Qigong, Tai Chi oder Ähnliches können eine Hilfe sein.
Bei Angst sind Sportarten zu empfehlen, die Schultern und Oberarme trainieren, z.B. Hanteln, Krafttraining.

Angst kann eine oder mehrere Ursachen haben, die in unserem Unterbewusstsein und in unserer Seele liegen.

Angst ist oft mit negativen Fehlhaltungen und Gedankenmustern verbunden wie Groll, Hass und Rache oder mit Diebstahl, Geheimnissen, mit Aspekten aus der Vergangenheit, die nicht verarbeitet sind, mit Schuldgefühlen und schlechtem Gewissen.

Wenn wir anderen Menschen Leid und Schmerzen zufügen, dann haben wir unbewusst die Angst, dass das Gleiche auf uns zukommen könnte.
Wenn ich andere Menschen zu schnell richte und verurteile, dann habe ich Angst, abgewertet und abgelehnt zu werden.
Wenn ich stehle und ein Dieb bin, dann habe ich Angst, dass mir etwas gestohlen wird.
Wenn ich Menschen umbringe, dann habe ich Angst, umgebracht zu werden.
Wenn ich Menschen oder Tiere jage, dann habe ich Angst gejagt zu werden.

Zur Bewältigung der Angst ist Folgendes eine Hilfe:

In unserem Leben eine hohe Ethik anstreben, innere Werte entfalten, höhere Ziele setzen, Gedankenkontrolle, Veredelung, Ordnung machen in unserer Vergangenheit und Beziehung zu anderen Menschen.

»Ein Leben nach dem Gesetz der Liebe, Einheit und Frieden macht uns gesund, glücklich und frei von Angst.«

Angst ist ein Zeichen, dass wir fern von Gott leben, dass wir an Ihn und Seine Führung nicht glauben und unsere Beziehung zu Ihm noch zu schwach ist.
Die tägliche Hingabe an Gott - der Schöpferkraft - und eine lebendige Beziehung zu Ihm, sind eine große Hilfe, um frei zu werden von Angst.

Das Geheimnis innerer Stärke

Welche Aspekte beinhaltet die innere Stärke?

- Sich als Gestalter des eigenen Lebens entdecken und nicht als Opfer.
- Lösungsorientiert denken: Statt an Probleme zu denken, sich mit der Lösung beschäftigen.
- Innere Klarheit:
  Ich weiß, was ich will, ich habe klare Ziele.
- Authentisch sein: Treue zu den eigenen Überzeugungen und höheren Zielen.
- Harmonie und Gelassenheit: Lernen, in sich zu ruhen. Menschen die immer gestresst und hektisch sind wirken unruhig und unattraktiv.
- Ordnung im Leben, in der Vergangenheit und in der Beziehung zu anderen Menschen schaffen.
- Veredelung der fünf Sinne.
- Gedankenkontrolle üben und lernen, mit Gedankenkraft zu arbeiten.
- Positive Lebenseinstellung: Ich finde das Positive, die Botschaft und Lernaufgabe aus Niederlage, Krankheit, Enttäuschung, Schmerz und Schicksalsschlag. Enttäuschung ist das Ende der Täuschung.
- Ich finde das Positive in meinem Nächsten. Die scheinbaren Feinde helfen uns indirekt und sind unsere besten Lehrmeister!
- Die Entfaltung innerer Werte: Weisheit der Seele entfalten anstatt intellektuellen Denkens.
- Ein Leben nach dem Gesetz der Liebe und Einheit.
- Sich immer fragen: Was ist Gottes Wille?
- Gott im Leben einbeziehen:
  Üben im Bewusstsein zu leben, Gott ist gegenwärtig.
- Die Hingabe an die höchste Macht – GOTT!

Viele Menschen haben, bewusst oder unbewusst, starke Helden aus Aktions-Filmen - Rambo, Terminator & Co - Hauptdarsteller mit viel Selbstsicherheit, Muskelmasse, und Kampfbereitschaft als Vorbild.
Jedoch ist das, was sie in den Filmen zeigen nur eine Show, und keine wahre innere Stärke. Es gibt aber Menschen, die keinen Traumbody haben, aber dafür viel innere Kraft und Stärke z.B. Mahatma Gandhi.

Zitate von Mahatma Gandhi

Mahatma Gandhi (1869-1948) war Rechtsanwalt, Publizist, Widerstandskämpfer, Revolutionär, Morallehrer, Pazifist und Vegetarier.
Er war ein Vorbild für viele Menschen und hat unter anderem erreicht, dass England, als zweites Land nach Indien, am meisten Vegetarier hat. Er hat die Botschaft der Liebe und Gewaltlosigkeit von Jesus von Nazareth, die er in seiner Bergpredigt verkündet hat, in die Tat umgesetzt. Innerlich war er frei und seinen Zielen und Prinzipien treu.
Er hatte eine innige Beziehung zu Gott. Dadurch hat er die wahre Stärke und innere Weisheit der Seele entfaltet, die man in seinen Zitaten wiederfinden kann:

»Europa ist heute nur dem Namen nach christlich.
In Wirklichkeit betet es den Mammon an.«

»Europa hat den weisen, kühnen und tapferen Widerstand von Jesus von Nazareth als passiven Widerstand missdeutet, wie wenn es sich um die Tat eines Schwächlings handelte. Als ich das Neue Testament zum ersten Mal las, fand ich nichts von Passivität oder Schwäche.«

»Wenn Ihr Land und das meinige aufgrund der Lehren zusammenkommen, die von Christus in der Bergpredigt niedergelegt wurden, werden die Probleme gelöst sein, nicht nur diejenigen unserer Länder, sondern auch die der ganzen Welt.«

»Jesus von Nazareth hätte vergebens gelebt und wäre vergebens gestorben, wenn er uns nicht gelehrt hätte, unser ganzes Leben nach dem ewigen Gesetz der Liebe einzurichten.«

»Was ist der Glaube wert,
wenn er nicht in die Tat umgesetzt wird?«

»Liebe ist die stärkste Macht der Welt, und doch ist sie die demütigste, die man sich vorstellen kann.«

»Alle unsere Streitereien entstehen daraus, dass einer dem anderen seine Wahrheit und seine Meinung aufzwingen will.«

»Der Mensch kann nicht Gott verehren und gleichzeitig seinen Mitmenschen verachten. Das eine ist mit dem anderen unvereinbar.«

»Wer dem anderen das Anderssein nicht verzeihen kann, ist noch weit weg vom Wege zur Weisheit.«

»Du und ich: Wir sind eins.
Ich kann dir nicht wehtun, ohne mich zu verletzen.«

»Nur ein Leben, das im Dienst anderer steht,
bringt Früchte.«

»Sei du selbst die Veränderung,
die du dir wünschst für diese Welt.«

»Auge um Auge, und die ganze Welt wird blind sein.«

»Ich glaube an die Gewaltlosigkeit
als einziges Heilmittel.«

»Was man mit Gewalt gewinnt,
kann man nur mit Gewalt behalten.«

»Misstrauen ist ein Zeichen von Schwäche.«

»Hass kann nur durch Liebe überwunden werden.«

»Äußerer Friede nutzt nichts ohne inneren Frieden.«

»Stärke wächst nicht aus körperlicher Kraft,
vielmehr aus unbeugsamen Willen.«

»Der Schwache kann nicht verzeihen.
Verzeihen ist eine Eigenschaft des Starken.«

»Ich zögere nicht zu sagen, dass ich der Existenz Gottes mehr gewiss bin als unserer Anwesenheit in diesem Raum. Wer die Existenz Gottes verneint, verneint sich selbst.«

»Ich glaube an Gott, nicht als Theorie, sondern als Tatsache, die realer ist als die Tatsache des Lebens.«

»Gott vergisst uns nie; wir sind es, die ihn vergessen, und das ist unser Elend.«

»Ich halte es für falsch, Sicherheiten in dieser Welt zu erwarten, wo alles außer Gott, der die Wahrheit ist, ungewiss ist.«

»Wenn Gott in allem wohnt, was im Universum existiert, wenn der Gelehrte wie der Straßenkehrer von Gott sind, dann gibt es keinen, der hoch ist, und keinen, der niedrig ist, alle sind ohne Einschränkung gleich, sie sind gleich, weil sie die Geschöpfe jenes Schöpfers sind.«

»Wenn ich das Wunder eines Sonnenunterganges oder die Schönheit des Mondes bewundere, so weitet sich meine Seele in der Ehrfurcht vor dem Schöpfer.«

Teil III

Voraussetzungen für die Gedankenkontrolle

Speichere keine nutzlosen Informationen im Gehirn

»Viele Menschen jubeln im Glück und tanzen um das goldene Kalb, das sich ihnen anbietet und zugleich ihre Fessel ist. Die einen jagen nach Geld, die anderen nach Ansehen und Macht. Sie alle sind im Selbstwahn befangen und damit Gefangene ihres eigenen Wollens.«

»Verlerne alles, was dir keinen Nutzen brachte. Nur dann kannst du deinen Geist mit göttlichen Gedanken erfüllen. Du wirst neue geistige Kraft gewinnen, wenn die zerstreuten Strahlen des Geistes jetzt gesammelt werden.«

Swami Sivananda (1887-1963), Arzt

Die Gefahren der neuen digitalen Zeit:
Der Tanz um das goldene Kalb

Die Medien des digitalen Zeitalters bringen uns mehr Wissen, Wohlstand und Hilfen durch die Technik, Elektronik, Autos, Computer uvm. Sie machen unser Leben bequemer, alles läuft viel schneller und trotzdem leiden immer mehr Menschen an Unzufriedenheit, innerer Unruhe, Zeitmangel und Stress.

Um innere Ruhe und Gedankenkontrolle zu erreichen, sollte man auf Mental-Hygiene achten!
Die Gehirn-Verseuchung und die Reizüberflutung der Sinne durch Radio, Musik, Handy, Smartphone, Fernsehen, Filme, Internet, Nachrichten selektieren oder reduzieren.

Immer erreichbar und beschäftigt dank Handy

In Deutschland gibt es über 120 Millionen Handys und Smartphone! Wir tragen die Welt immer mit uns und bekommen alles mit.
Wir geraten in Panik, wenn unser Handy keinen Empfang oder wir keinen Internetzugang haben.
Auf der Straße ist fast jeder mit seinem Smartphone beschäftigt oder telefoniert. Studien zeigen, dass im Durchschnitt ein Mensch 125-mal pro Tag auf sein Smartphone schaut und damit täglich 2 Stunden verbringt!

Man kann versuchen, die Abhängigkeit vom Handy zu reduzieren. Je einfacher ein Handy ist, desto weniger Stress hat man.
Ich persönlich besitze ein klassisches Handy nur zum Telefonieren und um erreichbar zu sein. Ich kann auf die vielen tollen Funktionen wie Fotoapparat, Musik, App´s, Nachrichten, Internet sowie soziale Netzwerke verzichten. Ich benütze es nur 1- bis 2-mal pro Monat.
Alles andere erledige ich mit dem Festnetz-Telefon und mit dem Internet am Computer.
Die Zeit im Internet habe ich auf ein Minimum reduziert.
Das Leben ist so viel ruhiger und ich kann mein Gehirn für Wesentliches oder das, was anderen Menschen oder Tieren dient, besser einsetzen.

Internet - Das Fenster zur Welt

Wir brauchen den Computer, das Internet und die digitalen Medien. Sie sind ein Teil unseres Lebens geworden, sie haben Vorteile, aber auch Nachteile.
Wichtig ist, dass wir lernen über sie zu herrschen und nicht umgekehrt, dass wir zu ihren Sklaven werden.

Wir sind bestens vernetzt und informiert, eigentlich mit zu vielen überflüssigen Informationen, die meisten davon, brauchen wir nicht zum Leben.
Außerdem erfahren wir selten, die wahren Hintergründe der internationalen Nachrichten über das Weltgeschehen. Wir erhalten ständig eine Manipulation durch die Medien, besser gesagt, eine Gehirnwäsche.
Die Informationsflut und Unterhaltungsindustrie führen uns zu Ablenkung, Zerstreuung, Abhängigkeit und Fremdsteuerung.
Die Finanz-Elite dieser Welt strebt nach einer „Neuen Welt-Ordnung", einer weltweiten Diktatur. Dank der modernen Medien und „Gekauften Journalisten", gelingt es den Großkonzernen und Geheimdiensten der Regierungen immer besser, die Kontrolle über das Volk zu gewinnen. Sie steuern einen digitalen Kapitalismus an und die Abschaffung von Bargeld.

Die digitale Technik bietet uns heute alle Möglichkeiten, von Navigationsgeräten, interaktiven Brillen, Fotoapparaten, intelligenten Häusern, Roboter, selbstfahrenden Autos bis hin zu neuen Uhren iWatch, die alles können.

Wohin führt uns die digitale Revolution?

Wir sind täglich im Internet, man kommuniziert mit Hunderten von Menschen, Freunden und Kunden per E-Mail, Facebook, Twitter oder anderen sozialen Netzwerken.
Wir kommunizieren viel, jedoch wir führen selten tiefe Gespräche. In der Familie reden wir kaum miteinander, denn jedes Familienmitglied hat sein eigenes Handy, Computer, Tablet, Laptop, Fernseher oder Play-Station.

Die Internet-Großkonzerne steuern unser Verhalten, verführen ständig zum Kaufen und wissen mehr über uns, als unser Partner oder bester Freund.

Die digitale Revolution und die moderne Technik machen abhängig und führen zu ichbezogenem Leben, Einsamkeit und Entfremdung.
Die Folgen sehen wir immer öfter in unserer Gesellschaft. Immer mehr Menschen leiden unter starkem Termindruck und Stress, weil Abschalten oder Erholung nicht möglich sind.
Ein Drittel der Berufstätigen lebt am Rand seiner Kräfte und ist nervös, unruhig und müde. Ein Großteil leidet unter Schlafstörungen und ist körperlich und seelisch erschöpft. Andere wiederum lassen sich wegen Burnout und psychischen Problemen krankschreiben und schlucken Psychopharmaka.

Computer Spiele - Die virtuelle Realität

Das Medium Computerspiele ist ein bestimmender Faktor im globalen Unterhaltungsmarkt, denn er bringt einen weltweiten Umsatz von mehr als 100 Milliarden Dollar.
Es sind nicht nur Teenager, die die Computerspiele spielen. Studien zeigen, dass ca. 30 Millionen Deutsche digitale Spiele regelmäßig nutzen, 50% davon sind Frauen, und 20% sind über 50 Jahre alt.
Die Computer-Spiele versetzen uns in neue Welten, die unseren Wünschen, Hobbys, Fantasien oder Abenteuerlust entsprechen: Wir sind plötzlich Helden, wir bauen unser eigenes Imperium in der Antike oder im Mittelalter, wir fahren schnelle Sportautos, wir sind Piloten auf Rennstrecken, Flieger mit Kampflugzeugen, Detektive in Krimis, Gangster, Ritter, Könige, Prinzessinnen, Monster- oder Zombiejäger, Tierjäger, Elitekämpfer oder Sondereinsatzkommando mit Superwaffen im Schlachtfeld jeder Zeitepoche oder in Science-Fiction-Welten.

Spiele verwandeln sich in Filme, indem der Spieler aktiv zum Held oder zum Hauptdarsteller im Film wird. Er taucht in eine virtuelle Welt ein, die vieles zu bieten hat.

Der Kick am Bildschirm

Videospiele machen uns glücklich und gleichzeitig süchtig, warum? In dieser Schein-Realität kann man sich gehen lassen, entspannen oder Anspannung, Kick und Reiz erleben. Sie helfen uns abzuschalten, der unangenehmen Realität und den täglichen Problemen zu entfliehen.
Das Erleben einer Abenteuer- oder Traumwelt, wo man schwierige Aufgaben bewältigt oder virtuelle Feinde besiegt, löst die Ausschüttung von Endorphinen, Glückshormonen aus.

Computerspiele geraten regelmäßig in die Kritik, denn sie stehen in Verdacht, Hemmschwellen zu senken, gewalttätiges Verhalten zu provozieren und zur Sucht zu führen. Im Einzelfall zutreffend, gibt es dagegen Millionen Menschen, die trotz regelmäßigen Spielens am Computer ein gesundes und soziales Leben führen.
Aber, was passiert in unserem Gehirn, wenn wir es, täglich und stundenlang, mit solchen Inhalten füttern?

Ich möchte die digitalen Medien wie Internet, Computerspiele und Co. nicht verteufeln, denn sie haben auch positive Seiten. Jedoch Studien mit Kindern und Jugendlichen zeigen, dass wenn viel Zeit vor dem Bildschirm mit Computerspielen verbracht wird, ein erhöhtes Risiko für schlechtere Schulleistungen, Aufmerksamkeits- und Schlafstörungen sowie Übergewicht und zahlreiche Gesundheitsprobleme verzeichnet werden.

Ein totales Verbot ist nicht angezeigt. Kinder müssen lernen, mit digitalen Medien umzugehen, da sie sie in Zukunft in ihrem Privat- und Arbeitsleben brauchen werden. Internet und E-Mail können älteren Menschen helfen, Alzheimer-Erkrankung vorzubeugen, Vereinsamung entgegen zu wirken und Sozialkontakte zu halten.

Nachteile von Musik, Computerspielen, Internet, Fernsehen und Filmen

In Deutschland gibt es mehrere Millionen Menschen, die Online abhängig sind: Computerspiele, Pornographie, Filme, YouTube-Videos und schriftliche Kommunikation, wie z.B. E-Mail, Chatten, Internetforen etc. Im Extremfall wird die virtuelle Welt zu einem Ersatz für reale Kontakte und führt zur sozialen Isolation.

Wenn wir unser Gehirn zu sehr mit Inhalten von Musik, Computerspielen, Internet, Fernsehen und Filme belasten, besteht das Risiko, dass die Gehirnzellen verkümmern. Man isoliert sich in seiner eigenen geschaffenen Welt.
Unsere Seele und unsere Körperzellen sehnen sich nach Edlem, Feinem, Harmonie, Ruhe und Stille.
Was wir durch die schnellen Bilder der Unterhaltungsmedien erleben, ist gerade das Gegenteil.

Wer höhere Ziele hat, wie Gedankenkontrolle, Stillwerden, das innere Leben und die geistige Evolution, sollte sich bemühen, die Menge und die Abhängigkeit dieser Einflüsse zu reduzieren.
Denn, je voller unser Gehirn mit Radio, Musik, Bildern, sexuellen Wünschen oder Gewaltszenen ist, desto schwieriger ist es, die Impulse der Seele wahrzunehmen.

Nachrichten

Neugier nach Informationen, Nachrichten oder Geheimnissen der Geschichte, verhindern das in sich Zentriert sein. Wenn unser Gehirn mit überflüssigen Informationen voll ist, dann sind unser klares Denken und die Intuition blockiert.

Informiert sein ist gut, jedoch sollten wir lernen, zwischen den Zeilen zu lesen, die Hintergründe von Nachrichten erforschen, die Flut von Informationen filtern und auf ein Minimum reduzieren.

Jeder von uns entscheidet selbst, ob er sich mit göttlichen Inhalten oder mit denen des Gesetzes von Ursache und Wirkung beschäftigen will.

Internet

Es ist praktisch, wenn wir es als Bibliothek benutzen, z.B. um Themen oder Informationen, die wir brauchen, zu finden.

Leider herrscht viel Chaos, Verwirrung und Verführung im Internet.

Nicht alles, was man dort findet entspricht der Wahrheit.

Einiges ist von den Geheimdiensten, die das ganze Internet steuern, manipuliert. Anderes wird von gekauften Journalisten, Ärzten, Professoren und Wissenschaftlern produziert.

Bei Auskunft über Krankheiten oder Heilungsmethoden stoßen wir meistens als erstes auf Internetseiten, Selbsthilfegruppen- oder Foren, die der Pharmaindustrie und Medizintechnik angehören.

Wenn wir alles im Internet bei Großkonzernen kaufen, dann gehen viele kleine Läden und Geschäfte Pleite.

Es gibt jedoch viel Positives, von Menschen und Gruppen, die dazu beitragen wollen, damit diese Welt besser wird.

Unsere innere Stimme, die Intuition, sagt uns, was der Wahrheit entspricht.

Musik

Wenn wir Musikstücke, die uns gefallen hören, weckt es in uns die Ausschüttung von Glückshormonen.
Es gibt viele Arten von Musik. Leider sind die Texte von vielen Liedern oft eine Gehirn-Programmierung für ein materiebezogenes Leben.
Romantische Lieder vermitteln die bindende Liebe. Tiefe Töne, laute oder schwere Musik-Rhythmen, wie Rock, Techno oder Heavy Metal bringen starke Disharmonien für unsere Seele. Einige Lieder und Musikstücke vermitteln sogar satanische Botschaften.
Es kann anstrengend werden, wenn Musik sich zu einem „Ohr-Wurm" entwickelt. Wir haben dann eine Störung im Gehirn, die verhindert, klar zu denken oder konzentriert zu sein.

Wenn wir ab und zu Musik hören, ist es kein Problem.
Jedoch, täglich Musik, Radio mit hektischer, lauter oder disharmonischer Musik, mit Moderatoren, die zu schnell sprechen, bringt Unruhe.

Das alles bewirkt innere Unruhe und Disharmonien, die auf Dauer krank machen und Störfelder für das innere Leben sind.
Mit all diesen vielen Einflüssen sind wir dann nicht zentriert, sondern außerhalb von uns.

Für die Körperzellen und für unsere Seele sind langsame Rhythmen und klassische Musik geeigneter. Am besten ist die Musik der Natur; Wassergeräusche, Vogelgesang, Wind, Regen, Stille.

Computerspiele

Wenn man sich stundenlang mit Computer-Spielen beschäftigt, schafft man eine Abhängigkeit und der Mensch will immer wieder erneut diese Glücksgefühle erleben. Sie können unseren Charakter, das tägliche Leben und den Umgang mit Menschen stark beeinflussen.

Der Mensch wird träge, passiv, lässt sich gehen.

Er wird, mit der Zeit, zu einem Egomanen, der nur um sich selbst kreist. Das kann zu aggressivem oder brutalem Verhalten führen.

Was der Mensch in seinem Gehirn und Unterbewusstsein gespeichert hat, steuert ihn. Er ist wie ein Sklave und kann sich nicht mehr kontrollieren. Es ist eine Flucht aus der Realität und führt zu materiebezogenem Leben.

Filme und Fernsehen

Die Werbung und Bilder, die wir uns ansehen, programmieren unser Gehirn entsprechend. Die Bilder, die wir in Filmen gesehen haben, begleiten und stören uns im täglichen Leben und bei der Arbeit. Die schnellen Bilder bringen Disharmonien und innere Unruhe.

Gehirnschäden durch Pornographie und Sex-Sucht?

In der Dokumentation „Nur Porno im Kopf", ausgestrahlt am 16.10.14 in 3sat, wurde Folgendes dargestellt: Ärzte und Wissenschaftler haben mit CT das Gehirn von pornosüchtigen Menschen untersucht und festgestellt, dass die Belohnungszentren des Gehirns hyperaktiv waren, sie leuchteten, wie ein „Weihnachtsbaum", ähnlich wie bei Drogensüchtigen. Die Studie zeigte, dass Pornografie abhängig macht und ein Suchtpotential, wie harte Drogen hat.
Jeder vierte Jugendliche ist pornosüchtig, ca. ein Viertel davon sind Mädchen. Genaue Zahlen gibt es nicht, jedoch zeigt dies, dass immer mehr Menschen Online-Porno konsumieren und süchtig werden.

Der Film zeigte auf, dass einige Betroffene sich im täglichen Leben kaum noch kontrollieren können. Jeder kleine erotische Reiz, z.B. auf der Straße, löst eine Kettenreaktion im Gehirn aus, was sie dazu bringt, mehrmals am Tag zu masturbieren und kein normales Leben mehr führen.
Die Internet-Pornographie hat sich so entwickelt, dass der Zugriff einfacher und kostenlos ist. Die Porno-Bilder und Videos sind gewalttätiger und brutaler gestaltet worden.
Die Internet-Filter für Kinder sind einfach zu umgehen.
Anschließend zeigte der gleiche TV-Sender in einem Kurzfilm, „Käufliche Liebe" dass 1,2 Millionen Männer in Deutschland täglich ins Bordell gehen, 600.000 davon sind verheiratet.
All das zeigt, dass wir in einer sehr stark sexualisierten Gesellschaft leben.

Was bewirkt Pornografie-Konsum?

Das Internet bietet immer mehr Seiten mit sexuellem Inhalt und kostenlosen erotischen Bildern, so dass jedermann seine erotischen und sexuellen Vorlieben finden kann: Durch diese Scheinwelt wird sowohl unser Gehirn als auch unser Verhalten programmiert.
Pornografie wird benutzt, um den Körper „anzuheizen", die Suche nach ständigen Reizen, Erotik und Leidenschaft zu erhöhen, was zu einer Abhängigkeit von sexueller Stimulation und Erregung führt.

Menschen mit massiven sexuellen Wünschen sind benebelt, neigen zu Trägheit, Egoismus, Frustration, Passivität, Untreue, innerer Unruhe und Leere. Sie wechseln oft den Partner, haben mehr Beziehungs-Stress und es passieren vermehrt Fehler im Beruf, beim Autofahren oder im Leben.

Wenn die Gehirnzellen mit erotischen Bildern von nackten Traum-Frauen oder -Männern „infiziert" sind, kann dies dazu führen, dass wir unseren aktuellen Partner, ein normaler Mensch mit kleinen „Macken", nicht mehr attraktiv finden.
Oder, dass wir Menschen, die zu diesen Bildern passen begehren oder die, die nicht in unsere Fantasiewelt passen, abwerten.

Die Augen verwandeln sich zu einer Art „Sex-Radar", der automatisch ständig sucht, bewertet und begehrt.

In einer Gedanken-Welt von sexuellen Fantasien zu leben ist eine Art von Egoismus, der Betroffene kreist nur noch um sich selbst, seine Phantasien, Wünsche und Begierden.

Das trennt ihn von anderen Menschen und öffnet die Türen für die Astral-Welt: Es besteht das Risiko der Beeinflussung oder Besessenheit durch Astral-Seelen. Parallel gibt er Energie an mächtige Energie-Felder in der Atmosphäre ab, die andere Menschen zu ähnlichen Gedanken oder Taten beeinflussen.

Beeinflussung aus der Astral Welt

Ein Zeichen, dass wir nicht mehr „Herr im Haus" sind ist, wenn man die sexuellen Wünsche nicht mehr kontrollieren kann und sich selbst befriedigt. Auf diese Weise gewinnen Astral-Wesen unsere Energie.

Im Sumpf des Begehrens, primitiver Sexualität, Perversionen, Exzessen und Sex-Sucht sich zu bewegen, bringt uns in eine niedrige Schwingung, die anfälliger macht für sexuell übertragbare Krankheiten: Man schafft ein Milieu für Bakterien, Pilze, Viren bis zu AIDS.

In der Astralwelt gibt es starke Energiefelder, nicht nur von Sexualität, sondern auch von Gewalt, Waffen, Sport, Technik, Fahrzeuge, Jagd, Unterhaltungsmedien uvm. die uns beeinflussen.
Viele Menschen tanzen um das „Goldene Kalb" und diese Energiefelder sind die neuen Götzen dieser Zeit.

Werbung, Internet, Medien, Fernsehen und Filme sind die größten Programmierer und Manipulierer. Wir werden ständig verführt, damit wir Seelenenergie abgeben, vegetieren und materiegebunden bleiben.
Pornografie und niedrige Sexualität, Gewalt und kriegerische Auseinandersetzungen, Pop-Konzerte oder Sportveranstaltungen bilden Energiefelder, die diese Astralwelten nähren. Viele Menschen leben aus der Erfolgsenergie von Sportlern, Sängern, Schauspielern, Prominenten.

Sie bleiben dadurch an diese Energiefelder gebunden und verlieren immer mehr ihre eigene Energie.

Wir können Sport treiben, Musik hören, Filme schauen, aber das sollten nicht unsere „Götter" sein. Aktion-Filme, romantische Lieder, Romane, die niedrige Werte oder bindende Liebe vermitteln haben oft Erfolg in dieser Welt. Warum so viel Erfolg? Wem dienen sie?
Sie vermitteln versteckte Botschaften, die uns beeinflussen, damit wir blind und materiegebunden bleiben.

Erotik und Sexualität sind ein starkes Energiefeld, das Astralwesen benutzen, um Menschen zu beeinflussen. Auch erotische Bestseller, wie Romane mit niedriger Sexualität und Perversionen, die eine große Quelle von Glücksgefühlen versprechen, werden oft benutzt, um Menschen zu verführen. Durch die Ejakulation bei Masturbation spielen oft Astralwesen mit, um an unsere Energie zu gelangen. Warum fühlt man sich danach müde, energielos, ausgelaugt und träge?
Wir würden erschrecken, wenn wir sehen würden, wie diese Astralwesen aussehen.
Die Sexualität kann etwas, Edles, Schönes und Verbindendes sein. Der Dämonenstaat in den Astral-Welten hat sie leider herunter transformiert, damit sie ihm dient.

Durch Drogen-, Medikamenten-, Nikotin- oder Alkoholsucht wird man oft von Seelen aus der Astralwelt beeinflusst oder sogar besessen, damit sie ihre Wünsche durch uns erleben können.
Die Seele bleibt dann in einem Zustand, in der sie leicht zu manipulieren ist. Die Folge davon ist Kontrollverlust und das „Fremdgesteuertsein" von außen. Gut dargestellt wird es in dem Film „Ghost – Nachricht von Sam" mit Patrick Swayze und Demi Moore.

In meinen Jahren als Medizin-Student auf der Suche nach der Ursache von Krankheiten, hatte ich Kontakt zu Yoga-Zentren und spirituellen Gruppen. In der japanischen Organisation Mahikari - übermitteln von Lichtenergie - hatte ich die Gelegenheit, live zu erleben, wie bei Krankheiten, Epilepsie, Schizophrenie, aggressiver Krebs, Seelen von Verstorbenen aus den Astralwelten uns Menschen beeinflussen können. Durch diese Ereignisse habe ich die Zusammenhänge besser verstanden und Parallelen zum Leben und Wirken von Jesus von Nazareth gefunden, als er bei vielen kranken Menschen „fremde Seelen" ausgetrieben hat.

In der Astralwelt gibt es Seelen von Verstorbenen, ehemalige Erdenbürger, die nicht erkannt haben, dass sie gestorben sind. Sie sind in ihrer alten Umgebung verhaftet und irren orientierungslos im Jenseits. Einige davon, die einer Sucht erlegen waren, versuchen sich an die lebenden Menschen zu klammern, um eine Befriedigung ihrer Süchte zu finden.

Außerdem gibt es noch extrem bösartige Wesen, die den Dämonenstaat bilden und die Gegenspieler Gottes sind. Ihre Prinzipien sind „trenne, binde und herrsche". Sie sind bestrebt, uns Menschen zu beeinflussen, um unsere Energien zu gewinnen oder, dass wir blind und materiebezogen bleiben.
Der Dämonenstaat ist gegen die Tierwelt und die Mutter Erde.
Er macht alles möglich, damit der Fleisch- und Fisch-Konsum steigt, damit mehr Tiere geschlachtet werden.
Durch seine Helfershelfer plant er eine neue Schöpfung, eine neue Welt, eine „bessere" Zukunft mit Macht, Waffengewalt, Technik, Spionage, Wissenschaft und Genmanipulation.

Die Finanz-Elite und der Dämonenstaat streben nach einer totalen Kontrolle, einer Versklavung der Menschheit, einer „Neuen Welt-Ordnung" mit weltweiter Diktatur.
Jeder, der diesem Dämonenstaat dient, wird energetisch unterstützt. Z.B. die Finanz-Elite, Politik, Spionage, Militär, Ärzte, Manager, Industrielle, Wissenschaftler, Schauspieler, Sänger, Sportler, haben Erfolg im Leben, weil sie Energie aus der Astralwelt erhalten, denn sie dienen den Interessen des Dämonenstaates.
Irgendwann müssen sie diese Energie zurückgeben und sie werden fallen gelassen, wenn sie nicht mehr nützlich sind.
Die Seelen aus den Astralwelten können uns nur beeinflussen, wenn wir einen Magneten in uns bilden, und das geschieht, wenn wir gegen unseren Nächsten sind; wenn wir uns von massiven materiellen Wünschen treiben lassen, wenn wir negativ denken, reden und handeln.

Die Angriffspforte für die Gegenseite sind immer unser Gehirn, unsere Gedankenwelt und Wünsche, deshalb sind die Selbstanalyse, Selbstbeobachtung, Achtsamkeit und ein bewusstes inneres Leben so wichtig.

Keiner von uns ist vollkommen, aber es hilft, sich oft zu fragen, möchte ich göttlich werden oder egoistisch und materiebezogen bleiben?

Eine Hilfe ist, lernen zu unterscheiden, was göttlich ist und was gegen das Göttliche verstößt, welche Gedanken positiv sind und welche negativ und dann eine klare Entscheidung treffen, die letzteren nicht mehr zu nähren.
Wichtig ist, in Frieden mit anderen Menschen zu leben, höhere Ziele im Leben anzustreben und mehr und mehr nach dem Gesetz der Liebe zu leben. Dann sind wir geschützt.

Ein Kampf zwischen Licht und Finsternis tobt nicht nur auf dieser Erde, sondern auch im Jenseits. Wir nähern uns der Endphase. Die Erde reinigt sich durch Naturkatastrophen und das Licht wird am Ende siegen.
Es gibt einen göttlichen Plan und viele von uns haben darin eine Aufgabe. Das angekündigte Friedensreich wird entstehen durch Menschen, die die Liebe und den Frieden in sich tragen.

Jeder kann sich frei entscheiden, ob er den Weg der geistigen Evolution beschreiten möchte, oder im Sumpf der Materie und niedrigen Sexualität noch mehrere Inkarnationen an die Materie gebunden bleiben will.

Menschen auf dem Weg der geistigen Evolution haben als Ziel, aus dem Rad der Wiedergeburt heraus zu finden, sowie sich von Verstrickungen und Bindungen an die Materie zu befreien. Alles andere sind karmische Neuverstrickungen, Vegetieren oder spirituelle Stagnation.

Die digitalen Medien führen mit der Zeit zur Unfreiheit, innerer Unruhe, Bewusstseins-Enge und verhindern die Kontrolle über die Gedanken.

Die Sexualität veredeln

Die Sexualität zu veredeln bedeutet, sie auf eine höhere Ebene zu bringen. Um das zu erreichen, muss man die Einstellung zur Sexualität verändern. Sie nicht als Sünde sehen, aber sich auch nicht vom „Sexualitäts-Sumpf" dieser Welt beeinflussen lassen.
Die Sexualität, gleich welchen Grades, sollte nicht verdrängt werden mit dem Ziel, sich ganz als geistiger Mensch zu fühlen. Echte Geistigkeit bedeutet die Umwandlung vom Niederen zum Höheren.

Wenn jemand die Sinnlichkeit von einem zum anderen Tag aufgibt, dann ist dies Kasteiung und Unterdrückung. Die Folgen von Kasteiung sind Neid, Geiz, Freudlosigkeit, verstärkte Ichbezogenheit, Abwertung des Nächsten, um sich selbst aufzuwerten, Ess- und Trinklust.

Um den Einfluss der Erotik und niedrigen Sexualität zu verringern, muss man eine klare Entscheidung treffen: Will ich weiter das Niedere pflegen oder will ich höhere Ziele anstreben? Will ich mich auf dem Weg der geistigen Evolution veredeln?

Die Körperlichkeit oder Sexualität sollte man nicht unterdrücken, aber auch nicht ausleben, denn beide Extreme können sich negativ auswirken. Eine Hilfe ist, die „Bewusste Erfahrung", was bedeutet, bewusst damit umzugehen, mit dem Ziel, sie zu veredeln.

Die niedrige Sexualität ist mechanisch, primitiv wie Sexgymnastik. Sie ist schnell und fixiert auf Orgasmus, Erektion, Erregungs- und Lustsuche. Manchmal auch auf Perversionen. Männer vergeuden viel seelische und körperliche Energie durch zu häufige Ejakulation.
Viele leiden an Leistungsdruck und Versagensängsten.

Auch die Frauen, die sich an die Wünsche des Partners anpassen müssen (oder umgekehrt). Die primitive Sexualität ist eher egoistisch und bringt Energieverlust oder Stress.

Die feine und edle Sexualität, basiert auf der Methode Karezza, schafft eine entspannte Atmosphäre durch Langsamkeit und Achtsamkeit. Der Mann lernt, sparsam mit seinen Energien umzugehen.
Hier geht es mehr um eine innere Verbundenheit in Liebe und die Vereinigung weiblicher und männlicher Energie. Eine spirituelle Verbindung mit dem Göttlichen im Nächsten.

Weitere Informationen über Karezza und andere wichtige Themen für Ehe, Partnerschaft und Kindererziehung, finden Sie in unserem Buch: »Partnerschaft und Spiritualität - Lebenswerkzeuge für eine glückliche erfüllte Partnerschaft und das Veredeln der Sexualität.«

Tipps für einen besseren Umgang mit digitalen Medien

- Abhängigkeit reduzieren, von Handy, Smartphone, Computer, Internet, Fernsehen, Technik und Strom.
- Die Zeit mit den digitalen Medien auf ein Minimum reduzieren, um das Gehirn zu schonen. Die Informationen, die Sie lesen und hören in Frage stellen.
- Reduzieren Sie die Flut von Informationen und Einflüssen der Medien auf ein Minimum.
  Ihr Gehirn wird es Ihnen danken!
- Schauen sie wenige oder nur gezielt Filme und analysieren sie, was sie sehen.
  Entspricht das, was ich sehe, dem Gesetz der Liebe?

- Lassen Sie sich nicht gehen.
- Bestimmen Sie ihr Leben, was Sie wollen und was Sie nicht wollen.
- Sich fragen: Möchte ich Bewusstseinsenge oder Bewusstseinserweiterung?
- Lernen Sie, die Glücksgefühle woanders zu suchen.

- Trainieren Sie Ihr Gehirn für das Feine und das Edle.
- Ringen Sie um die Freiheit und Harmonie.
- Verbringen Sie mehr Zeit in der Natur.
  Genießen sie die Stille und die Musik der Natur.
- Nur wenn wir still sind, können wir die Impulse und Führung von Gott wahrnehmen.

»Gott ist immer in uns, nur wir sind selten zu Hause.«

»Sinn des Lebens, die Unio mystica:
Eins werden mit Gott - Menschen Wille
mit Gottes Willen in Einklang bringen.«

»Gottes Gegenwart spüren wir in der inneren Stille.«

Meister Eckhart (1260–1328)
Theologe, Philosoph

Zitate von Albert Schweitzer

»Folge immer deiner inneren Stimme.«

»Verzeihen ist die schwerste Liebe.«

»Die Liebe ist die höchste unter den Geistesgaben,
weil sie die einzige ist, die ewig ist.«

»Der ärmste Mensch ist der,
der keine Aufgabe mehr hat.«

»Ein Mensch mit Frieden in der Seele ist wie eine Sonne im Haus, die Nebel und Wolken aufzehrt.«

»Wo immer ein Tier in den Dienst des Menschen
gezwungen wird, gehen die Leiden,
die es erduldet, uns alle an.«

»Meine Ansicht ist, dass wir, die für die Schonung der Tiere eintreten, ganz dem Fleischgenuss entsagen und auch gegen ihn reden. So mache ich es selber. Und damit kommen so manche dazu, auf das Problem, das so spät aufgestellt wurde, aufmerksam zu werden.«

»Ehrfurcht vor dem Leben bedeutet Abscheu vor dem Töten. Ich gebe mir darüber Rechenschaft, dass die Gewohnheit, Fleisch zu essen, nicht mit erhabenen Gefühlen in Übereinstimmung steht.«

»Das wichtigste im Leben sind die Spuren der Liebe,
die wir hinterlassen, wenn wir gehen.«

Dr. Albert Schweitzer (1875-1965), Arzt,
Theologe, Philosoph, Vegetarier, Pazifist

Die Gedankenübertragung - Telepathie

Kleine Erfahrungen mit Telepathie oder Gedankenübertragung haben sicher viele von ihnen gemacht, z.B. mit Menschen die uns nahe stehen oder mit denen wir uns gut verstehen.
Plötzlich denken wir an jemand, und kurze Zeit danach erhalten wir einen Anruf von der Person. Oder wir wollten einen Gedanken aussprechen und unser Partner oder Freund äußert dasselbe.

Sensible Menschen spüren auch die negativen Gedanken von Menschen, die gegen sie sind oder über sie negativ denken. Das gleiche gilt für gesprochene Worte.
Deswegen ist es wichtig, sich anzugewöhnen, positiv zu senden, in Gefühlen, Gedanken, Worten und Handlungen. Alles was wir senden, erreicht nicht nur andere Menschen, sondern auch uns.

Telekinese oder Psychokinese ist, wenn man mit Mentalkraft Gegenstände bewegen kann. Von solchen Experimenten ist abzuraten, denn dabei wirken niedrige Seelen aus der Astralwelt mit.

Wenn wir die Telepathie im positiven Sinn trainieren wollen, ist es wichtig, frei zu werden von eigenem Wollen und Ego, z.B. mit solchen Fähigkeiten etwas für sich erreichen wollen oder sich damit aufzuwerten.

Die Tiere sprechen telepathisch unter sich und zu uns. Sie können unsere Aura, Gemüt und Gedankenwelt wahrnehmen. Es gibt Menschen, die mit der Natur kommunizieren können und die Sprache der Tiere, Pflanzen, Bäume, Blumen, Naturwesen und Steine verstehen.

Je mehr man sich in Liebe mit allen Lebensformen verbindet, umso mehr kann man ihre Impulse und Sprache verstehen lernen.

Was anschließend folgt, ist die beste Beschreibung, die ich gefunden habe, über das Thema Telepathie aus dem Buch von Swami Sivananda „El pensamiento y su poder“:

»Man kann einen anderen ohne hörbare Sprache beeinflussen. Es bedarf der Konzentration des Gedankens, der willentlich gesteuert wird. Das ist Telepathie.
Manchmal, wenn du etwas schreibst oder Zeitung liest, bekommst du eine Botschaft von jemandem, der dir nahesteht. Du denkst plötzlich an ihn.
Er hat dir eine Botschaft geschickt.
Er hat ernsthaft an dich gedacht.

Übung zur Praxis von Telepathie:

Denke an deinen Freund, der in einem anderen Land lebt.
Stelle dir sein Gesicht klar und deutlich im Geist vor.
Wenn du ein Foto von ihm hast, sieh es an und sprich laut damit. Wenn du zu Bett gehst, denke sehr konzentriert an das Bild.
Er wird am nächsten Tag oder bald darauf den gewünschten Brief an dich schreiben.
Versuche es. Zweifle nicht. Du wirst staunen.
Du wirst Erfolg in Telepathie haben und fest davon überzeugt sein.

Zu Beginn übe Telepathie über eine kurze Distanz.
Es ist besser, am Anfang in der Nacht zu üben.
Bitte deinen Freund eine aufnahmebereite Einstellung zu haben und sich um 22.00 Uhr zu konzentrieren.
Setze dich mit geschlossenen Augen in einen dunklen Raum.

Versuche, deine Botschaft genau zur verabredeten Zeit zu senden. Konzentriere dich auf die Gedanken, die du senden möchtest. Nun wünsche es fest.

Die Gedanken verlassen dein Gehirn und gehen zum Gehirn deines Freundes.
Zu Beginn mag es hier und da Fehler geben.
Wenn du weiter übst und die Technik gut kennst, wirst du immer Botschaften richtig senden und empfangen.

Später wirst du Botschaften an verschiedene Ecken der Welt senden können.
Gedankenwellen sind unterschiedlich in Intensität und Kraft.
Der Sendende und der Empfangende müssen starke und intensive Konzentration üben. Dann wird das Senden der Botschaft kraftvoll sein, und klar und genau empfangen werden.

Übe zu Beginn Telepathie von einem Raum zum anderen, im gleichen Haus.
Diese Wissenschaft ist sehr angenehm und interessant. Sie bedarf geduldigen Übens.«

Swami Sivananda (1887-1963), Arzt

Atmung und Gedankenkontrolle

Sich an eine tiefe und bewusste Atmung gewöhnen, kann eine große Hilfe sein, wenn wir lernen wollen, die Gedanken zu kontrollieren. Die Atmung ist nicht nur wichtig für die Sauerstoffversorgung aller Körperzellen.
Der Atemrhythmus wird vom Kleinhirn gesteuert, auch von dem, was wir im Unterbewusstsein und Oberbewusstsein bewegen oder gespeichert haben.

Viele Menschen atmen kurz, flach und oberflächlich, weil sie viel Negatives im Unterbewusstsein gespeichert haben oder zu viele negative Gefühle und Gedanken im Kopf bewegen.

Eine bewusste Atmung schenkt uns Entspannung, hilft uns unser Bewusstsein zu erweitern, uns zu zentrieren, ruhiger zu werden und unsere Gedanken besser zu kontrollieren.
Eine tiefe und lange Atmung hilft uns Schlacken aus dem Körper, sowie Negativität aus der Seele zu entsorgen. Sie hilft, dass die Energie in den sieben Chakras oder Bewusstseinszentren der Seele und in den Akupunkturmeridianen besser fließt und energetische Blockaden sich lösen.
Durch die Atmung senden und empfangen wir.
Mit einer tiefen, langen und bewussten Atmung können wir Informationen aus unserer Seele, unserem Geistbewusstsein holen.
Wir können dadurch Energie gewinnen und uns mit Gott bewusst verbinden, denn die Atmung schafft eine Verbindung mit Gott - der Schöpferkraft, dem Leben, die Energie der Liebe.
Mit der Atmung können wir auch Liebe senden und alles segnen.

Teil IV

Regeln für die Gedankenkontrolle

Lerne positive von negativen Gedanken zu unterscheiden

Wir können uns vorstellen, dass wir Zuschauer unseres Gedanken-Kinos sind. Wir beobachten, was sich in unserem Gehirn, der Fabrik unserer Gedanken, bewegt.

Der erste Schritt, um die Gedanken zu kontrollieren, ist lernen zu unterscheiden, was positive und negative Gedanken und Worte sind und die letzteren stoppen und nicht nähren.

Die „Gedanken-Vagabunden" sind flüchtig, kommen und gehen. Manche Gedanken, die sich wiederholen, haben oft eine Botschaft an uns. Diese sollte aufgeschrieben und zu einem späteren Zeitpunkt interpretiert werden.

Wenn wir von negativen Gedanken, Sorgen oder Ängsten „gequält werden" hilft es, sie in ein Tagebuch oder in den PC zu schreiben, um sie besser analysieren zu können. Das lässt uns klarer denken und auch besser schlafen.

Wir können uns immer wieder die Fragen stellen:

Sind meine Gedanken göttlich oder materiebezogen?

Entsprechen meine Gedanken dem Gesetz der Liebe? Oder bewegen sie sich im Kausalgesetz, dem Gesetz von Ursache und Wirkung?

Durch diese Übung gelingt uns immer besser, positive, edle und göttliche Gedanken zu pflegen.

Werde frei von Vorurteilen

»Sei frei in deinen Gedanken.
Befreie dich aus der Sklaverei des Vorurteils,
das den Verstand täuscht und
die Gedanken dumpf macht.«

Swami Sivananda (1887-1963), Arzt

Wir Menschen sind oft in Gedanken negativ gepolt.
Das richten, urteilen, beurteilen, bewerten, abwerten ist fast eine automatische Reaktion.
Wir sehen zu sehr das Negative in unserem Nächsten und denken oder reden zu viel und zu lange, über das, was uns an ihm stört.

Im Gedankenkino führen wir mit grüblerischen Gedanken Selbstgespräche, Streit oder Krieg mit dem Nächsten, z.B. wie sich der andere unmöglich verhält, oder das, was er tut, nicht in Ordnung ist uvm.

Eigentlich sind Vorurteile bewusste oder unbewusste Denkreaktionen mit falschen Meinungen über andere. Damit stecken wir unseren Nächsten in eine Schublade und denken dabei, dass diese Vorurteile der Wahrheit entsprechen. Dabei ist es nur unsere Wahrheit, die Projektion unserer eigenen Fehlhaltungen.

Statt die Einheit mit anderen zu finden oder zu pflegen, trennen wir uns von ihnen durch Vorurteile und grüblerische Gedanken. Dadurch verlieren wir viel seelische und körperliche Energie, und werden krank.

Denke und spreche nichts Negatives über deinen Nächsten

Indem unsere Gedanken zu Worten werden, wird die negative Energie verstärkt. Wenn wir über andere schlecht sprechen, verstärken wir dabei die eigene falsche Meinung und Vorurteile, und verhindern die Selbsterkenntnis.
Richten und urteilen deutet darauf hin, dass wir unfrei sind und die gleichen oder ähnliche Fehler haben, wie die Menschen, die wir kritisieren: Das negative Verhalten unseres Nächsten hat Entsprechungen oder Resonanzen in uns geweckt.
Letzten Endes haben wir uns selbst beurteilt und über uns schlecht geredet, somit uns selbst geschadet.
Es sind Projektionen unserer eigenen Fehlhaltungen: So wie wir über andere denken und sprechen, so sind wir.
Außerdem zeigt es, dass es uns an Selbsterkenntnis mangelt und dass wir keinen edlen Charakter haben.

Du sollst - mit Worten - nicht töten!

Wenn wir an unserem Nächsten kein gutes Haar lassen oder schlecht über ihn mit Dritten sprechen, ist das wie „töten".
Wir werden zu Meinungsbildnern und beeinflussen andere mit unserer Negativität, z.B. Familienangehörige, Partner, Kinder, Nachbarn, Freunde, Bekannte, Arbeitskollegen etc.
Wir haben seinen Ruf „getötet", er steht vor anderen schlecht da.
Die Essenz der Zehn Gebote ist das Gesetz der Liebe. Zwei von den Geboten lauten: „Du sollst nicht töten." „Du sollst kein falsches Zeugnis ablegen wider deinen Nächsten."

Wenn wir also über Dritte sprechen, verstoßen wir gegen diese zwei Gebote, durch negative Kommentare, symbolisch gesehen, „töten" wir.

Das geschieht tagtäglich in unserem kleinen Umfeld, in Familie und Arbeitsplatz, genauso wie in der Politik: Die regierenden Parteien machen sich ständig gegenseitig schlecht, sie führen eine Schlammschlacht mit ausgeklügelter Rhetorik und Wortgefechten, anstatt am gleichen Strang zu ziehen.

Kein Mensch will Krieg. Und dennoch gibt es ständig neue Kriege. Warum? Weil durch die Feindseligkeit vieler Menschen, in Gefühlen, Gedanken, Worten und Taten, negative Energien in die Atmosphäre gesendet werden, die „Wolken-Komplexe bilden, die andere beeinflussen und später Auseinandersetzungen oder Kriege auslösen.

Krank durch negatives Denken und Sprechen

Alles, was wir senden, kommt auf uns zurück und kann uns krank machen. Und, was wir intensiv senden, wird von unseren Körperzellen und von unserer Seele gespeichert.
Die Ursache der Krankheit sind wir selbst durch das, was wir in negativen Gefühlen, Gedanken, Worten und Handlungen gegen das Gesetz der Liebe, in diesem oder in vorherigen Inkarnationen gesendet haben.

Leider sehen Kranke, aber auch Ärzte, keinen Zusammenhang zwischen den Krankheiten, wie Herzinfarkt, Schlaganfall, Lungenentzündung, Hepatitis uvm. und der Gedanken- und Gefühlswelt, der ungesunden Ernährungs- und Lebensweise.

Die Folge von negativem Denken und Reden können u.a. Kopfschmerzen, Schlafstörungen, Tinnitus, Lungen- und Atemwegsprobleme, Allergien und Hautkrankheiten bis zu Depressionen oder Psychosen sein.

Jede Art von Disharmonien, in Form von negativem Sprechen über andere, Schreien, Schimpfen, verletzende Worte, uvm. kann zu Mund-, Zungen, Zahn- oder Halskrankheiten führen; oder zu vielen anderen Symptomen und Krankheitsbildern.

Wir leiden auch auf Grund dessen, was wir mit negativen Gedanken gesendet haben oder was wir durch negative Gespräche über Dritte, ausgelöst oder verursacht haben.
Wenn Menschen auf Grund unserer falschen Aussagen leiden müssen, alles verlieren, im Gefängnis landen, Gewalt erleiden oder hingerichtet werden, wird all das auch auf uns zukommen.
Umgekehrt, wenn wir ungerecht behandelt werden, Mobbing, Verletzungen erleiden, ist das auch eine Botschaft an uns: Wir sollen etwas erkennen, ändern, und evtl. vergeben oder um Vergebung bitten.

»Nichts kann uns treffen,
was wir nicht selbst vorher verursacht haben.«

Sich ärgern oder Selbsterkenntnis?

Was uns ärgert, verletzt, trifft oder beschäftigt sind oft Projektionen oder Entsprechungen, die zeigen uns, wie wir sind und dass wir ähnliche Aspekte in uns haben. Dahinter verstecken sich die eigenen Charakterschwächen, Ichbezogenheit, Intoleranz, Ungeduld, Besserwisserei, Rechthaberei, Neid, Zwistigkeit und Feindschaft.
Die eigenen Schwächen werden zuerst in Gedanken ausgetragen, später in Wortgefechten und Tätlichkeiten.

Wir haben oft ein falsches Bild von unserem Nächsten, da wir dazu neigen, Menschen mit unserer eigenen kurzsichtigen Brille, mit dem engen Verstand zu sehen.
Wir sind überzeugt, dass unsere Meinung die richtige ist.
Das ist eine weit verbreitete ichbezogene Haltung.
Ein Aspekt oder Sinn unseres Erdenlebens ist, unser Ego abzubauen.

Durch Selbsterkenntnis, Selbstanalyse, Selbstbeobachtung können wir uns aus diesen Verstrickungen lösen. Und selbstverständlich durch Reue, Vergeben oder um Vergebung bitten, Versöhnung, Wiedergutmachung und die erkannte Fehlhaltung nicht mehr tun.

Eine Hilfe zur Selbsterkenntnis und um Klarheit im Kopf zu finden ist es, sich im Tagebuch oder im PC mit dem Problem oder der Situation zu beschäftigen.
Durch das Aufschreiben schaffen wir einen Abstand und können klarer zu Selbsterkenntnis und Lösungen finden.

Finde das Positive in deinem Nächsten und in Problemen

Jeder Mensch hat positive Seiten in sich.
Welche positiven Seiten hat der Mensch, den wir mit unseren Gedanken ablehnen, abwerten, gegen den wir feindselig und gehässig gestimmt sind?

1) Die positiven Seiten unseres Nächsten in einem Tagebuch, einem Heft oder im PC aufschreiben. Am Anfang ist unser Kopf leer, weil das Negative mehr Gewicht hat. Jedoch, wenn wir beginnen, die Liste der positiven Seiten unseres Nächsten aufzunotieren, dann wird sie plötzlich immer länger.

Wir suchen die positiven Seiten der Menschen, über die wir Negatives denken, über die wir nachgrübeln, nachsinnen und negative Gespräche geführt haben.
Die Notizen über das Positive öfters durchlesen, im Bewusstsein festhalten, bis sie im Herzen eingraviert sind: Jeder hat positive Seiten!

2) Sich vornehmen, nicht mehr über die negativen Seiten des Nächsten nachzugrübeln, sondern die positiven Seiten zu finden und bejahen:
„Auch das Familienmitglied, der Mensch, Arbeitskollege, Nachbar, alle haben positive Seiten."
„Es ist nicht alles schlecht am Nächsten."
„Jeder hat etwas Positives in sich."

3) Immer wieder dran bleiben bis es klappt.
Wenn das Grübeln beginnt, sich besinnen und denken: Ich habe mir vorgenommen, die positiven Seiten meines Nächsten zu bejahen.

Wenn wir in das Negative fallen, sich fragen:
Will ich meinen Nächsten annehmen?
Will ich mich umgestalten in dem Bewusstsein, das Gott Liebe, Freiheit, Friede und Einheit ist?

Der gute Wille ist wichtig.
Gott, die Kraft der Liebe in uns, hilft uns dabei.

4) Wir können Liebe senden zu den Menschen, die uns nicht wohl gesonnen sind.

Die Einheit mit dem Nächsten als Ziel haben

Egal, was für Probleme wir mit anderen Menschen haben, sollten wir immer wieder die Einheit mit ihnen bejahen.
Auch, wenn es im Moment noch nicht der Fall ist.
Wichtig ist, dass von uns aus, nichts Negatives gesendet wird.
Wir finden und bejahen das Positive in uns und in anderen Menschen.
Jede Erkenntnis hilft uns zur inneren Reife und unser inneres Leben zu erwecken.
Was wir in uns erarbeitet haben, strahlen wir aus und helfen somit, dass Friede in diese Welt kommt.

Liebe bedeutet Toleranz, Respekt und Verständnis

Die Essenz vieler Religionen ist Gottes- und Nächstenliebe, jedoch wenige leben danach.
Liebe bedeutet Toleranz, Respekt, nicht richten und urteilen, Vorurteile gegenüber anderen abbauen, nicht mehr über andere negativ denken und sprechen, denn all das trennt uns vom Nächsten.
Liebe beinhaltet Einheit mit unseren Nächsten, uns zu veredeln und zu verfeinern. Dazu gehören auch bewusstes Sprechen und Ordnung in unseren Gedanken anstreben.

Achtsamkeit und Ordnung im Leben

Wenn wir lernen wollen, unsere Gedanken zu kontrollieren, sind Selbstbeobachtung, Achtsamkeit und Ordnung im Leben sehr wichtig.
Achtsamkeit bedeutet, bewusstes Leben, Toleranz und Verständnis für jeden Menschen entfalten. Lernen, sich in andere hinein zu empfinden und nicht alles aus der Ego-Perspektive oder „eigenen Brille unserer Vorstellungswelt" zu betrachten.

»Achte auf deine Gedanken, Worte und Handlungen.
Hinterfrage und analysiere dein Denken, Reden und Handeln. Ist es göttlich oder noch im Gesetz von Ursache und Wirkung?«

Schaffe Ordnung in deinem Leben

Auf Ordnung und Sauberkeit in unserer Umgebung, am Arbeitsplatz, in der Wohnung und im Auto achten, denn das hat einen Einfluss auf unseren Gemütszustand und unsere Gedankenwelt. Sauberkeit hat einen sehr guten Einfluss auf unser Innenleben und hilft uns, positiver und klarer zu denken.
Ordnung im Leben, bedeutet Ordnung machen in unseren Gedanken, Worten, Handlungen und in der Beziehung zu anderen Menschen.

Der Weg der geistigen Evolution oder der Innere Weg zu Gott beginnt mit der ersten Stufe der Ordnung.

Folgender Text aus einem geistigen Buch erklärt es:

»Möchtest du den Weg zur inneren Seligkeit und zur Lösung all deiner Probleme beschreiten, so beginne auf der Stufe der göttlichen Ordnung.

Überprüfe dein Denken und Wirken, und übergib deine menschlichen Gewohnheiten Gott, auf dass Er dich lenken und führen kann, auf dass du dein menschliches Ich nach und nach verlierst.

Erst wenn der Mensch sein Ich aufgibt, wird er die göttliche Kraft, das uneingeschränkte, ewig liebende und hilfreiche Gesetz Gottes erfahren.
Diese innere Kraft, der Führer und Heiler der Seele und des Menschen, schenkt sich dem Ihm zugewandten Kind und lässt Seine Kräfte sowohl in der Seele als auch im Menschen verströmen. Deshalb, o Mensch, sehne dich nach der Erfüllung der göttlichen Gesetze der Liebe und strebe allzeit danach, den Willen des Herrn zu erfüllen.

Ordne dein Leben:
Überprüfe deine Gedanken und Worte

Sprich niemals negativ über deinen Nächsten sondern erkenne: Alles, was dein Nächster spricht und vollzieht, betrifft nur Gott und Sein Kind, nicht dich.
Stört dich z.B. das Benehmen deines Nächsten, so haften bereits in dir gesetzwidrige Gedanken.
Durch negatives Denken und Handeln schadest du dir nur selbst, denn was der Mensch sät, wird er auch ernten.

Überprüfe dich selbst!

Frage dich, ob du jedem Menschen angenehm bist.
Beziehe deine Empfindungen, Gedanken und Worte, die du über einen anderen ausgießt, auf dich selbst!
Frage dich, ob du besser bist!

Wenn du dich durch diese ständige Selbstanalyse näher kennen lernst, wirst du bald über deine eigene Person beschämt sein!
Durch die Praxis der Selbstanalyse wirst du immer weniger deinen Nächsten in Gedanken, Worten und Werken verurteilen, weil du des Balkens in deinem eigenen Auge gewahr wirst. Durch diese fortlaufende Selbstkontrolle erkennst du sehr bald, wie schwer dein eigener Balken in deinem Auge liegt.

Über dein Herz und deine Lippen soll nur Gutes kommen!

Hast du nun gelernt, dich selbst zu zügeln, so wirst du auch feststellen, dass jede Unruhe, die von dir ausgeht, in dir eine Disharmonie, eine nicht göttlich-gesetzmäßige Denk- und Handlungsweise beschert, unweigerlich mannigfaltige menschliche Plagen und Leiden herauf beschwört. Diese Ursächlichkeiten, die vom Menschen ausgehen und zu unübersehbaren Wirkungen führen, sind nicht gottgewollt.
Gott lässt die Wirkungen zu, damit der Mensch durch Selbsterkenntnis zur Gotteserfahrung gelangt und ein gesetzmäßiges Denken und Handeln anstrebt.
Veredle deshalb, o Mensch, deine fünf Sinne, indem du deine niederen Neigungen und Leidenschaften erkennst und diese zügelst. So wirst du bald die göttlichen Kräfte verspüren, die dich führen und deine Seele und auch deinen Körper beseelen.«

Göttliche Weisheit (5) (16)

Wer vergeben kann lebt gesünder

Wir leben in einer Welt, in der viele Menschen leiden und krank werden auf Grund von Ungerechtigkeit, Missbrauch, Verletzungen, Enttäuschungen, Mobbing oder schlechtem Arbeitsklima.
Den Menschen, die uns verletzt haben, zu vergeben ist oft nicht einfach. Wenn wir aber negative Gedanken und Gefühle wie Wut, Hass, Rache, Groll etc. pflegen, macht uns das krank, z.B. in Form von Herzinfarkt, Asthma, Depression, Burnout, Allergie, Migräne, Lungen- oder Brustkrebs.

Oft halten wir lange an vergangenen Situationen fest, die wir nicht mehr beeinflussen können.
Wenn wir monate- oder jahrelang mit Groll aus der Vergangenheit leben, oder jemandem etwas nachtragen, kann uns das in eine depressive Stimmung bringen, bis hin zu schweren körperlichen Erkrankungen wie Krebs.

Zu Beginn ist das Erlernen, die Situationen des Lebens aus der „geistigen Perspektive" zu betrachten, eine Hilfe.
Es ist kein Zufall, was auf uns zukommt!

Es könnte die Frage gestellt werden: Habe ich früher das Gleiche, was jetzt auf mich zukommt, anderen Menschen angetan, und schlecht über sie gesprochen oder ihnen Schaden zugefügt? Wo bin ich ähnlich?

Viele Religionen glauben an die Reinkarnation, auch die ersten Christen. Wenn wir an die Wiedergeburt und an das Gesetz von Ursache und Wirkung glauben, können wir uns vorstellen, dass nichts ein Zufall ist, was uns im Leben geschieht.

Oft sind Menschen traumatisiert wegen früherer Misshandlungen, durch eine schwere Kindheit oder weil sie nicht geliebt wurden. Etwas Ähnliches haben wir in einem Vorleben anderen Menschen, die evtl. unsere Kinder waren, angetan.

Wenn uns z.B. jemand beschimpft, beleidigt, verletzt, ausgrenzt, abwertet, schlecht behandelt oder betrügt, wenn wir geschlagen werden, dann ist es kein Zufall, wir haben es magnetisch angezogen.
Wenn das nicht als Resonanz in unserer Seele gewesen wäre, hätte es uns nicht treffen können!

»Wir sind nicht nur Opfer, sondern auch Täter, gewesen.«

Vielleicht haben wir früher eine leitende Position gehabt und viele Menschen haben unter uns gelitten.
Oder unsere Eltern waren früher unsere Kinder und wir haben sie vernachlässigt, nicht geliebt, schlecht behandelt und geschlagen.

Um unseren Eltern zu vergeben kann uns helfen zu Lernen, „Verständnis" für sie zu gewinnen und die Antwort auf folgende Fragen aufzuschreiben:

Warum haben sie so reagiert oder gehandelt?
Wie wurden sie erzogen?
In welchen Aspekten bin ich meinen Eltern ähnlich?
Was haben sie Gutes für mich getan?
Wofür kann ich mich bedanken?

Für den Fall von sexuellem Missbrauch oder Vergewaltigung gilt das Gleiche. Vielleicht waren einige dieser Frauen in einem früheren Leben Männer. Außerdem gab es viele Frauen mit Machtpositionen in der Geschichte, die die Fäden der Politik bewegt haben und die Männer für ihre Zwecke „missbrauchten", Hinrichtungen guthießen oder Kriege auslösten.

Das Gesetz von Saat und Ernte und das Rad der Wiedergeburt bringen alles ans Licht, bis alle Schuld getilgt ist. Falls uns jemand körperliche Gewalt angetan hat hilft es, sich nicht zu sehr mit dem physischen Körper zu identifizieren, sondern uns mehr als inkarnierte Geistwesen zu betrachten.

Wir können uns auch jetzt im Nachhinein für unsere Fehler aus früheren Leben in Gedanken und von Herzen entschuldigen. Über Gott können wir die Seelen der Opfer und der damals leidenden Menschen um Vergebung bitten. Denn es kann sein, dass wir ihnen sehr viel Leid zugefügt haben.
Auch wenn im Moment die Situation sehr schwierig für uns ist, sollten wir immer die Versöhnung anstreben und als Ziel die Einheit mit dem Nächsten haben.
Wenn wir das Vergeben alleine nicht schaffen, kann es hilfreich sein, Gott in uns - die Kraft der Liebe - um Hilfe und Beistand zu bitten.

Vergangenheit abschließen

Vergangenheit Schritt für Schritt in Ordnung bringen, Versöhnung anstreben, vergeben und um Vergebung bitten, bringt Ruhe in unser Inneres und unser Gehirn.

Wenn wir ständig in der Vergangenheit leben oder sie immer wieder in Gedanken herholen, kann dies zu Stagnation im Leben führen. Die Vergangenheit können wir nicht mehr ändern. Wichtig ist, das zu bearbeiten, was möglich ist und sie dann in Gedanken ruhen lassen.
Wir sollten nicht Gleiches mit Gleichem vergelten, denn Rache schadet Anderen und uns selbst.
Auch nicht klagen oder über andere schlecht sprechen.

Eine motivierende wahre Geschichte:

Es gab einmal einen Rechtsanwalt in einem afrikanischen Land, der von 1962 bis 1990, d.h. 27 Jahre, als politischer Gefangener in Haft verbrachte. Siebenundzwanzig Jahre ist viel Zeit.
Als er befreit wurde, hatte er erstaunlicherweise keinen Groll und keinen Hass gegen seine Peiniger und politischen Gegner.
Für ihn waren diese vielen Jahre im Gefängnis eine wertvolle, „geistige Erfahrung".
Dieser Mann war Nelson Mandela: Er hatte als Ziel ein nichtrassistisches, geeintes und demokratisches Südafrika mit allgemeinen, freien Wahlen und dem Stimmrecht für alle. Er vertrat eine Politik der Versöhnung (reconciliation) zwischen weißen und schwarzen Menschen.
Nelson Mandela erhielt 1993 den Friedensnobelpreis. 1994 gewann seine politische Partei ANC die ersten demokratischen Wahlen Südafrikas, und er wurde zum ersten schwarzen Präsidenten des Landes gewählt.

Unsere Feinde lieben

Gedanken des Vergebens machen uns frei.
Vergeben wir nicht, so bleiben wir an das gebunden, was vorliegt, und an unseren Nächsten, dem wir nicht vergeben.

Wir sollten lernen, für jede Situation zu danken, auch wenn sie schwer zu ertragen ist.
Wir sollten immer bestrebt sein, zu vergeben, oder lernen, unsere „scheinbaren" Feinde zu lieben.
Die scheinbaren Feinde helfen uns indirekt und sind unsere besten Lehrmeister. Denn sie regen uns durch ihr Verhalten zum Nachdenken an.

Um bei Schwierigkeiten positiv zu reagieren, unseren scheinbaren Feinden zu vergeben und sie zu lieben, helfen die Worte von Jesus von Nazareth:

»Liebe deine Feinde, tue Gutes denen, die dich hassen.«

»Wir sollten unseren Feinden gegenüber dankbar sein, denn unbewusst sind sie Werkzeuge und Mitarbeiter der göttlichen Ordnung und dienen schließlich unserer Läuterung und Erleuchtung.
Feinde sind auf unserem Weg zum Reiche Gottes viel nützlicher als manche Freunde. Freunde schmeicheln, der Feind, der uns härteste Kritik entgegenstellt, bringt uns letzten Endes zum Nachdenken. Wohl dem, der auf der Hut ist und dies rechtzeitig erkennt.

Haben wir gelernt, unsere Feinde zu lieben und können denen Gutes tun, die uns hassen, dann haben wir zur inneren Größe gefunden.
Durch alle Hindernisse und Schwierigkeiten wächst die Widerstandskraft unserer Seele.

Wenn auf uns viele Widerwärtigkeiten zukommen, so sollten wir trotz allem frohgemut sein und auf dem heiligen Pfad nach innen, zur Wahrheit, freudig fortschreiten.«

»Dein Nächster ist ein Teil von dir.
Ist dir dein Nächster nah, dann bist du Gott nah.
Ist dir dein Nächster fern, dann bist du Gott fern.
In jedem Augenblick bestimmst du selbst,
wie nah oder fern dir Gott ist.«

Göttliche Weisheit (1) (4) (12)

Im Jetzt leben

Wir Menschen denken zu viel und sind oft mit unseren Gedanken außerhalb von uns, statt in uns selbst zu ruhen.
Wir sind oft negativ gepolt, richten und urteilen zu schnell, wir denken zu sehr an Sorgen und Probleme. Das ist ein ständiges Fernsein in unserer Denk-, Rede- und Handlungsweise, also mit unserem gesamten Verhalten. Dadurch vergeuden und geben wir viel unnötige Körperenergie ab und mit der Zeit werden wir schwächer und kranker.
Wenn wir außerhalb von uns sind, nicht zentriert, dauert die Arbeit länger, vergessen wir Wichtiges, es passieren Fehler, Missverständnisse, Fehlentscheidungen und evtl. sogar Unfälle.
Wir sind oft nicht zentriert, unsere Gedanken fliegen in die Vergangenheit, begleitet von schlechtem Gewissen, Bedauern, Bitterkeit, Groll etc. oder wandern in die Zukunft, mit Sorgen, Ängsten, Träumen und ehrgeizigen Zielen.
Die Vergangenheit können wir nicht ändern, jedoch aus unseren Fehlern können wir immer etwas lernen. Die Zukunft entscheiden wir mit unserem Verhalten im Jetzt.

Im Jetzt leben bedeutet Konzentration und fokussiert denken: Übung macht den Meister!

Das Üben im Jetzt zu sein ist ein Gewinn für unser Leben und hat viele Vorteile.
Durch Konzentration und im Jetzt präsent zu sein, hören wir unserem Nächsten besser zu, wir gewinnen mehr Zeit und erlangen vermehrt innere Klarheit, Ruhe, Mentalkraft, Kreativität und innere Stärke.

»Wir können uns immer wieder vornehmen:
Was ich tue, das tue ich ganz!
Was ich tue, dabei bin ich mit all meinen Kräften.
Ich bin bei mir; bei meiner Arbeit, bei meiner Tätigkeit, bei allem, was ich tue.

Es gibt keine Altersgrenze, um zu lernen: Durch Achtsamkeit im Leben werden wir ruhiger, besonnener, zielorientiert, wachsamer und kreativer.

In Freizeit und Sport - Ich gehe spazieren - ich bin da, weil meine Gedanken, meine Gefühle, mein gesamtes Verhalten bei mir ist. Dabei erlebe ich mich selbst und die Natur, denn ich bin bei mir, ich bin da.

Beim Lesen eines Buches, einer Zeitschrift - ich bin dabei, meine Gedanken sind gegenwärtig.
Ich bin da. Ich lerne aus dem Bewusstsein des Buches, der Zeitschrift zu schöpfen, denn Kreativität ist angesagt.

Die Aufmerksamkeit und Achtsamkeit gegenüber uns selbst - dass wir gegenwärtig sind, dass unsere Gedanken, unser ganzes Verhalten bei uns ist - bewirkt einen tiefen, ausgewogenen Atem.
Ich atme freier, weil ich tiefer atme. Ich atme in dem Bewusstsein, dass der tiefe Atem das Leben ist.

Unser Gehirn reinigt sich von den Schlacken, die wir aufgrund von Kurzatmigkeit und durch unnützes Ausstreuen von unguten Gefühlen, Gedanken und Worten anzogen.

Der tiefe Atem ist Entspannung; aus der Entspannung erwächst Sinnerfüllung und aus der Sinnerfüllung die Kreativität.

Ich vergesse immer weniger. Ich verlege und verliere immer seltener Gegenstände, denn ich bin gegenwärtig; ich bin bei mir.

Ich kann kreativer denken, tiefer fühlen und empfinden. Meditation bedeutet bewusstes Leben, Achtsamkeit, Wachsamkeit über uns selbst, jeden Tag, jeden Augenblick, und in jeder Situation.

Was wir tun, das tun wir ganz, jeden Augenblick.
Sei also da - sei gegenwärtig!
Dann erschließen sich höhere ethisch-moralische Werte, um auch unsere Mitmenschen besser und tief greifender zu verstehen.

Ethisch-moralische Werte kommen auch darin zum Ausdruck, wie wir z.B. bei Tisch sitzen, um bedacht und ausgewogen zu sprechen und zu speisen.
Dabei sollte unser Anliegen sein:
Unsere Gedanken sind bei unserer Nahrungsaufnahme.
Wir essen ruhig und konzentriert. Unsere Gedanken sind bei dem Getränk. Wir sind gegenwärtig.
So wie unser Atem ruhiger und tiefer geht, so speisen wir auch: ruhig, bewusst, besonnen, also konzentriert.
Wir kauen langsam und gut, wir trinken schluckweise.
Wir sind da, also gegenwärtig.«

Göttliche Weisheit (8)

Teil V

Das Gesetz der Anziehung

Die Grundgesetze des Erfolgs

Die Grundgesetze des Erfolgs?

Viele Mental-Trainings Methoden arbeiten mit Gedankenkraft, Visualisation, positiver Programmierung mit dem Ziel, Erfolg im Leben, Beruf, Finanzen, Sport, Partnerfindung zu haben oder einfach, um Millionär zu werden.
Erfolg zu haben mit Gedankenkraft und Mental-Training ist möglich. Jedoch nicht alle schaffen es, denn um das zu erreichen muss man andere geistige Gesetze berücksichtigen, die wenig bekannt sind.
Viele Menschen haben das Wissen vom Buch oder dem Film „The Secret" umgesetzt und trotzdem erreichen wenige den erwünschten Erfolg.

Wie arbeitet man mit Gedankenkraft richtig?
Wie können wir Erfolg im Leben haben?

Um das zu finden, haben wir einige dieser Erfolgsmethoden analysiert und selbst getestet.

Denke nach und werde reich

„Denke nach und werde reich" ist ein Buch des US-amerikanischen Schriftstellers Napoleon Hill. Es erschien 1937 und wurde bis heute rund 70 Mio. Mal verkauft. Napoleon Hill wurde von Stahlmagnat Andrew Carnegie, dem damals wohl reichsten Mann der Welt, beauftragt, die Erfolgsmethoden von rund 500 Millionären zu untersuchen und daraus eine gemeinsame Erfolgsphilosophie abzuleiten. Den Weg zum Reichtum:

Legen Sie Ihr Ziel möglichst genau fest.
Es genügt also nicht zu sagen: Ich will reich werden!
Erarbeiten Sie einen genauen Plan zur Verwirklichung Ihres Wunsches und machen Sie sich sofort ans Werk.

Halten Sie alles bis in die letzte Einzelheit schriftlich fest: Die gewünschte Summe, den genauen Zeitpunkt, zu dem Sie spätestens über das Geld verfügen wollen, die Gegenleistung, die Sie dafür zu erbringen bereit sind, und den Plan, der Sie ans Ziel führen soll.

Die Ziele zweimal am Tag laut vorlesen: Einmal morgens nach dem Aufstehen, einmal abends vor dem Einschlafen.
Das Geheimnis zum Erfolg ist, die richtigen Anweisungen an das Unterbewusstsein, der unerschütterliche Glaube an sich selbst und nicht zuletzt Ausdauer und Entschlossenheit.

Christian Science

Das Bemühen von Robert Collier, Mary Baker Eddy und Emma Hopkins in „Christian-Science" war es, „die Worte und Werke Jesu Christi wieder in Erinnerung zu bringen und dadurch das ursprüngliche Christentum und sein verloren gegangenes Element des Heilens wieder einzuführen."
„Alles ist in Gott, alles ist aus Gott, alles ist Gott."
„Der Mensch hat in seinem tiefsten Innern Zugang zum göttlichen Geist und kann auf ihn einwirken.
So wie Jesus, der sagte: Ich und der Vater sind eins."

Zum richtigen Wünschen gehört auch das richtige Handeln. Robert Collier betonte unter anderem die Bedeutung von Affirmationen, von bildhaften Vorstellungen der gewünschten Dinge oder Zustände, das Entwerfen konstruktiver Gedankenbilder, richtiges Denken und Handeln.

The Secret - The Law of Attraction

Modernes Lebensberatungs- und Erfolgscoaching bauen auf diesem Konzept auf, mit dem Ziel, durch eine positive Lebenseinstellung zu mehr Erfolg, Reichtum und privatem Glück zu kommen.
Das Gesetz der Anziehung oder Gesetz der Resonanz basiert im geistigen Gesetz darauf, dass Gleiches Gleiches anzieht. Unsere Gedanken- und Gefühlswelt ziehen ihre äußeren Lebensbedingungen an. Gedanken sind wie Magnete, denen eine spezifische Frequenz zugeordnet sei, mit der sie magnetisch alle Gegenstände und Situationen mit gleicher Wellenlänge anziehen.

Das Gesetz der Anziehung ist ein universales Prinzip mit der Basis, dass alles Geistige - also Gedanken, Gefühle, Ängste, Aggressionen oder Wünsche - Schwingungen erzeugt.
Jeder Gedanke, den wir denken, jedes Gefühl, das wir fühlen, zieht ähnliche oder gleichartige Gedanken und Gefühle an. Das wird auf die Außenwelt übertragen und ruft dort entsprechende Wirkungen hervor, unabhängig davon, ob die Person sich dessen bewusst ist oder nicht.

Die Anwender des Gesetzes der Anziehung können ihre Wünsche durch gezielte Visualisation wahr werden lassen. Das Gesetz der Anziehung wird als Werkzeug aufgefasst, mit dem jeder sein Leben nach seinen Wünschen und Vorstellungen gestalten kann.

Warum erreichen mit diesen Methoden so wenig Menschen den gewünschten materiellen Erfolg?
Ein Grund dafür ist, dass sie nicht intensiv genug und mit Ausdauer damit arbeiten: Wenn sich das, was sie sich wünschen nicht sofort verwirklicht, dann hören sie auf.

Vom Geheimnis des richtigen Wünschens

Nachfolgend eine Zusammenfassung der Grundprinzipien des Erfolgs „Das Gesetz der Anziehung":

Gedanken sind wirkende Kräfte. Du kannst alles haben, was du willst, wenn du nur deine Gedanken stark genug darauf konzentrierst.
Alles was dir geschieht, was du bekommst oder erreichst oder was dir verloren geht, ist eine Konsequenz deines Denkens.
Gedanken sind wirkende Kräfte, und wir können damit unseren Körper, unsere Gefühle und auch unsere Umgebung in ganz erstaunlicher Weise beeinflussen.
Durch unser Denken, unsere Vorstellungen, Wünsche und Befürchtungen ziehen wir Dinge, Ereignisse und Personen an uns heran oder halten sie von uns fern.
Deine Überzeugungen, deine Vorstellungen, deine Glaubenssätze, deine Urteile und Vorurteile bestimmen dein Leben - im Guten wie im Schlechten.

Worauf wir uns im Leben konzentrieren bestimmt, wohin wir im Leben gehen.
Unsere Gedanken und Gefühle entscheiden über unseren zukünftigen Weg.

Das Unterbewusstsein braucht positive Bilder: Nie das Ungewollte, Ungewünschte denken, sondern sich auf die gewünschte Alternative konzentrieren.
Der Volksmund sagt: „Wer Unglück fürchtet, bricht sich die Finger im Hirsebrei."
Wir müssen unsere Gedanken immer auf das richten, was wir wollen, niemals auf das, was wir nicht wollen.

Unsere Wünsche müssen positiv formuliert werden, in Form von Bejahung, und nicht als Verneinung. Hier zeigt sich wieder, wie wichtig es ist, sich nicht auf das Problem zu konzentrieren, sondern auf die Lösung.
Wenn man es außerdem noch schafft, diese Gedanken mit einem Gefühl von Begeisterung und Dankbarkeit zu verbinden, geht man mit viel mentalem Rückenwind.

Wir sollten die Kraft unserer Gedanken, unserer Vorstellungen nutzen, um unser Leben positiv zu programmieren.
Gedanken und Worte sind wie Samen.
Gedanken und Vorstellungen sind wirkende Kräfte.
„Was der Mensch sät, das wird er ernten" – sagte Jesus. Aber die Zeit, die zwischen Aussaat und Ernte vergeht, kann sehr unterschiedlich sein.

Der Glaube an Heilung setzt die körpereigenen inneren Heilkräfte in Gang: Was liegt näher, als unsere „körpereigene Hausapotheke" bei Bedarf selbst zu aktivieren? Denn es sind ja in jedem Fall die natürlichen Selbstheilungskräfte, die die Krankheit vertreiben, mit oder notfalls auch ohne Hilfe von Therapeuten.
Hier lassen sich unsere geistigen Kräfte am besten und sichersten einsetzen, mit Hilfe von Affirmationen oder Suggestionen in bejahender Form.
Sie sollten positiv, gegenwärtig, persönlich und glaubhaft formuliert sein, und sie sollten regelmäßig wiederholt werden, am besten in einem Zustand meditativer Entspannung.
Sie sollten von Gefühlen wie Freude, Dankbarkeit oder Begeisterung begleitet sein, denn dadurch wird ihre Wirkung verstärkt, ebenso wie durch eine möglichst klare bildhafte Vorstellung des betreffenden Zustands.

Herausforderungen, sind zwar unbequem, aber fördern unser inneres Wachstum. Denn so wie die Muskeln unseres Körpers, wachsen auch die „Muskeln“ unseres Geistes am Widerstand.
Werde was du bist, entfalte, was in dir angelegt ist, wachse, blühe und verwirkliche dich, deiner Art gemäß, so gut du kannst - das ist das erste Ziel. Danach kommt das zweite: Spiele deine Rolle im Rahmen des Ganzen, von dem du ein Teil bist.
Erfülle deine Aufgabe, leiste deinen Beitrag zu jenem gewaltigen Werk, das wir Evolution nennen oder Schöpfung, oder einfach das Leben auf der Erde.
Wenn wir uns bemühen, mehr Harmonie in die Welt zu bringen, erleichtern wir uns und anderen das Leben.

Alles, was wir uns wünschen können wir erlangen!

Dr. Joseph Murphy, Kevin Trudeau, Norman V. Peale, Brenda Bamaby, Wallace D. Wattles und viele andere basieren ihr Erfolg in den klassischen Methoden des Positiven Denkens und Mentaltrainings: Die Wissenschaft des Reich-Werdens - Reichtum beginnt im Kopf - Sei ein Erfolgsmagnet - Dein Wunsch ist Dir Befehl!

Einige wertvolle Hinweise dieser Methoden haben wir hier zusammengefasst:

Gedanken sind Kräfte und tragen Energie.
Gedanken und Emotionen sind physikalische Manifestationen, Schwingungen, Energien.
Wenn wir immer und immer wieder einen Gedanken wiederholen, bilden sich neuronale Pfade.
Du wirst zu dem, an das du die meiste Zeit denkst.

Fühle dich wohl! Schaffe Klarheit, definiere deine Ziele und was du willst und was nicht.

Die meisten Menschen scheitern, weil sie nicht wissen, was sie wollen! Frage dich öfters: Was will ich?
Erfolg durch Arbeit mit Gedankenenergien:
Lerne Fokussieren und mit Gedankenkraft arbeiten.
Diese Gedanken werden in die Gehirnzellen eingebrannt, danach reagieren wir automatisch.
Bilde fokussierte Gedankenströme: Richte deine Gedanken auf ein Thema, auf ein Ziel, eine Vision.
So erreichst du die maximale Effektivität und das maximale Aussenden von Frequenzen.

Wichtige Voraussetzungen für fokussiertes Denken und Erfolg:

- Klarheit und Intention: Es ist klar, was ich will. Meine Motivation ist klar.
- Was ich denke ist fokussiert, rein, klar, intensiv und wird über längere Zeit gepflegt.
- Fragen an das Universum stellen.
- Erfolgsfrequenzen senden: üben, üben und üben.

Ziele, Träume und Wünsche mit Energien, Bildern und anderen Sinneswahrnehmungen anreichern.
Baue das Fundament für die Gedankenkontrolle und den Erfolg, indem du deine Ziele schreibst.
Ziele lebendig definieren und mit positiven Emotionen und Begeisterung aufladen.
Wenn du etwas auf die Beine stellen willst, musst du motiviert handeln.
Bereichere dein Ziel, deine Vision, mit Gedankenenergien, mit dem brennenden Wunsch, es zu erreichen.

Fokus auf das Ziel: Dein Ziel ist dein Fokus, auf den du deine ganze Aufmerksamkeit richtest.
Beginne den Tag in dem du auf dein großes Ziel schaust.

Arbeite mit Gedanken-Energien und entwickle einen leidenschaftlichen und brennenden Wunsch, dein Ziel zu erreichen!
Habe volles Vertrauen in die Verwirklichung des Zieles!
Dann stehen das Geld und die Mittel zur Verfügung.
Glaube an dein Ziel und beseitige alle Zweifel an der Erfüllung deines Zieles.
Wer Sorgen und Zweifel sendet, kann kein gutes Ergebnis erreichen.

Real spezifisch visualisieren!
Öfters an dein Ziel denken bringt Erfolg.
Die Ziele so real wie möglich definieren und gestalten, umso größer wird ihre Realisationswirkung sein!
Überlege und plane die Schritte, um dieses Ziel zu erreichen.
Fest an die Erfüllung deiner Ziele glauben, auch wenn du nicht weißt, wie das gehen soll.
Das Wie ist uninteressant - Überlasse das Wie dem Universum.
Versorge dein Gehirn mit inspirierenden Visionen, Inhalten, Informationen, die dich motivieren.

Lerne positiv zu denken und zu sprechen.
Lerne in positiven Worten zu sprechen.
Sei fokussiert und aufmerksam, sei wachsam, denn das Universum gibt dir neue Ideen.
So kannst du deinen Erfolg erweitern.

Viele erfolgreiche Menschen haben einen liebevollen Charakter entwickelt: Arbeite an deiner Persönlichkeit.
Wenn wir Liebe in uns entfalten, dann werden wir Liebe in unserem Leben anziehen.

Gefahren der Erfolgs-Methoden

Mit Zielen und Gedankenkraft arbeiten ist richtig, jedoch muss man unterscheiden zwischen gesetzmäßigem und ungesetzmäßigem Senden und Wünschen.
Eine Gefahr besteht, wenn man mit Eigenwillen, mit Ego und mit eigener Kraft für seinen persönlichen Erfolg arbeitet.
Wenn Ziele materiebezogen oder egoistisch sind, wie Reichtum, Ruhm, Macht, Wunsch-Erfüllung, dann bestehen verschiedene Gefahren:
Durch Arbeit mit Gedanken-Energien können wir anziehen, was wir uns wünschen, jedoch kann es passieren, dass das, was wir wollen oder bekommen, unserer Gesundheit schadet oder für unser Leben und geistige Evolution nicht förderlich ist.
Durch starke Visualisation von persönlichen Zielen in Form von Eigenwille und starken materiellen Wünschen erreichen wir dann Erfolg auf materieller Ebene, der unser Ego vergrößert, uns noch mehr an die Materie bindet. Das führt zum Vegetieren oder zu geistiger Stagnation.

Im schlimmsten Fall können wir durch selbstbezogene Wünsche Kräfte oder Seelen aus dem Jenseits, aus der niedrigen Astral-Welt anziehen, die uns helfen, unsere (ihre) Ziele zu erreichen. Wir werden dann von ihnen „benutzt", wenn wir ihre Ziele für diese materialistische Welt erfüllen.
Das geschieht bei religiösen Führern, die statt Liebe zu predigen und auch vorzuleben, sich für Intoleranz, Diskriminierung und Krieg einsetzen.
Oder Hollywood-Darsteller, die in Actionfilmen Waffen, Gewalt oder Kriege verherrlichen und als Helden ein schlechtes Vorbild darstellen. Auch mit Sexy-Frauen, die mit ihren erotischen Reizen zur Sexualisierung der Medien und der Gesellschaft beitragen.

Viele, die in dieser Welt Erfolg haben, werden von den Astralwelten unterstützt und beeinflusst. Das sehen wir überall in der Welt, in der Finanzwelt, Wirtschaft, Wissenschaft, Politik, Religion, Esoterik, bei Heilern, Gurus, Sportlern, Sängern, Schauspielern etc.
Wenn diese Menschen keinen Nutzen mehr für die Astralseelen bringen, dann lässt man sie fallen und sie erleben dann einen Misserfolg nach dem anderen.

Kann Positives Denken gefährlich sein?

Das Gesetz der Anziehung und die Techniken des Positiven Denkens sind Methoden, teilweise mit göttlichen Gesetzen, die missbraucht werden, damit alle unsere ichbezogenen Wünsche erfüllt werden oder um materiellen Erfolg zu erreichen.
Aus geistiger Sicht betrachtet, liegt die Gefahr der Umpolung göttlicher Wahrheiten vor, indem nur Teilaspekte herausgelöst und für egoistische Zwecke genutzt werden.

Es kann nicht behauptet werden, dass jeder Mensch, der sich im „positiven Denken" übt, Negatives automatisch verdrängen würde. Jedoch positive „Affirmationen und Glaubenssätze", können eine Verdrängung der Impulse der Seele bewirken, die uns zur Selbsterkenntnis und positiven Veränderungen anregen möchte.

Wenn unsere Einstellung ichbezogen oder gegen den Nächsten gerichtet ist, dann können wir noch so intensiv positiv denken: Früher oder später werden wir das Ichbezogene oder das gegen unseren Nächsten Gerichtete ernten.

Das Unterbewusstsein ist nicht das Göttliche

Ein gravierendes Missverständnis der Techniken des Positiven Denkens und des Gesetzes der Anziehung liegen in der Annahme, dass das Unterbewusstsein, schon die Quelle der Kraft wäre, sozusagen das Göttliche.

Das Unterbewusstsein ist eine Art Vorhof unserer Seele, in der das Göttliche und damit die Quelle der Kraft in uns, wohnen.
Im Unterbewusstsein tummeln sich auch das Verdrängte, die ungelösten Konflikte, traumatische Kindheitserlebnisse, Aggressionen und Ängste.

Wenn wir wahren Erfolg haben wollen, müssen wir die verdrängten Themen bearbeiten: Das bedeutet, Ordnung im Leben schaffen und bestrebt sein, dass unsere Gedanken, Worte und Handlungen, mehr und mehr dem Willen Gottes und Seinem Gesetz der Liebe entsprechen.

Außerdem bekommen wir täglich Impulse über unser Gewissen und das Göttliche in uns, die uns helfen, diese Last abzubauen.

Jesus von Nazareth: Wahres positives Denken und Wünschen ist selbstlos

Jesus von Nazareth wollte nicht, dass wir nach materiellem Reichtum streben, so wie bei Vertretern des Positiven Denkens und des Gesetzes der Anziehung. Er sagte:

»Suchet zuerst das Reich Gottes und seine Gerechtigkeit, und dies alles [was der Mensch zum Leben braucht] wird euch zufallen.«

Wer sich also ehrlich um ein Leben nach den göttlichen Geboten bemüht und z.B. das Gebot „Bete und arbeite" erfüllt, der wird seine Wünsche in den Willen Gottes stellen.
Dann wird ihm auch das nach und nach zukommen, was er für sein Leben braucht und darüber hinaus.
An anderer Stelle in der Bergpredigt erklärt Jesus:

»Darum sollt ihr vollkommen sein,
wie euer Vater im Himmel vollkommen ist.«

Dabei zeigte Jesus jedoch einen anderen Weg auf als nur positives Denken, nämlich die tägliche Arbeit an uns selbst, die allerdings von positiven Gedanken begleitet sein sollte.

Richtiges Wünschen und Gottes Wille

Keiner von uns ist ganz frei von Wünschen. Unsere Empfehlung lautet: Sich kleine Wünsche erlauben, sie bewusst zu erleben und ein Leben in Dankbarkeit führen.
Größere Wünsche in Gottes Händen zu belassen, und darum zu bitten, dass alleine Sein Wille geschieht.
Folgender Text aus einem geistigen Buch erklärt perfekt, was in Bezug auf unsere Wünsche, unser Ziel sein sollte:

»Das Wollen ist sehr gefährlich auf dem geistigen Weg. Wollen wir etwas, dann senden wir Gedanken aus, die für uns arbeiten.
Je öfter wir die Wünsche in die Welt senden, umso stärker werden die Gedankenkomplexe. Unsere eigenen Wünsche als Gedankenkomplexe arbeiten sodann für uns und schaffen herbei, was wir an Wunschgedanken ausgesandt haben.
Wir wollen Gott gefallen, indem wir unsere Gedanken und Sinne ordnen und reinigen.
Wir sind Kinder des Allerhöchsten und sollten nur von dem einen Wunsch beseelt sein, Gott, unserem Herrn und Vater, zu gefallen, indem wir ein Leben nach den göttlichen Gesetzen anstreben.
Der einzige Wunsch, den wir hegen und pflegen sollen, ist, wieder göttlich zu werden, rein, edel und gut – in Empfindungen, Gedanken, Worten und Handlungen, in all unseren Werken.
Veredelung ohne Kasteiung: Bewusster die Wünsche erleben und die Häufigkeit des Genusses verringern. Auch das triebhafte Leben wird sich veredeln, weil wir unseren Nächsten als den Tempel des Heiligen Geistes sehen und ihm sodann auch entsprechend begegnen.

Diese Veredelung vollzieht sich allmählich. Im Laufe der Zeit wird unser Niederes die Umwandlung erfahren:
Das heißt, wir können das noch vorhandene Menschliche dem Ewigen übergeben. Wir bedürfen dieser Dinge nicht mehr. Dafür werden wir Geistiges erlangen und dadurch dem hohen Adel der Seele zustreben.«

Göttliche Weisheit (16)

Die Gedanken sind (nicht) frei!

»Im Volksmund heißt es: „Die Gedanken sind frei", doch das ist eben ganz und gar nicht wahr. Gerade durch unsere negativen Gedanken werden wir ja unfrei.
Gedanken sind eine Form von Energie, die wir aussenden und die nach dem Kausalgesetz auch wieder auf uns zurückkommt. Und alles, was negativ auf uns zurückkommt, bedeutet Bindung, letztlich Versklavung.
Wir werden unsere eigenen Sklaven durch negative Gedanken. Also sind auch die Gedanken nicht frei!
Wenn wir z.B. auf der Straße einem Menschen begegnen, der eigenartig gekleidet ist und eine auffällige Frisur trägt, und wir ihn dann abfällig, negativ und abwertend beurteilen, macht uns unfrei.
Auch ein unangenehmes Gespräch, dem wir in Gedanken noch nachhängen, macht uns unfrei. Wir sind in unseren Gedanken gefangen.
Schon wenn wir an eine Person oder an bestimmte Personen ständig negativ denken, sind wir letztlich abhängig, und verlieren somit Energie. Als Folge könnte eine Schwächung von Organen unseres Körpers eintreten, so dass wir erkranken.«

Göttliche Weisheit (3)

Viele Menschen denken, dass sie frei sind, um zu machen, was sie wollen. In Wirklichkeit sind sie Sklaven ihres Egos, ihrer Wunschwelt und in manchen Fällen, von Astralkräften.
Warum verfallen viele Menschen mit Erfolg, die alles haben, wie Promis, Models, Sänger und Schauspieler, nach einigen Jahren in ein dekadentes Leben mit Exzessen, niedriger Sexualität, Drogen- und Alkohol-Konsum?
Es ist ein Ausdruck der Unzufriedenheit der Seele.
Der Mensch fühlt sich gefangen in diesem Lebensstil.

Viele lassen sich gehen oder betäuben sich mit Hobbys, Extrem-Sport, Sex, Alkohol, Drogen oder dem ganzen Angebot der Unterhaltungs-Industrie wie Fernsehen, Filme, Musik PC-Spiele und Internet.
Eine rein materialistische Lebensführung erkennt man oft an der Ausstrahlung der Menschen, besonders wenn sie älter werden. Viele Promis sehen ungesund und verlebt aus. Ihr Gesicht und Körper sind oft aufgedunsen. Das will man vertuschen mit Fitnessprogrammen, Wellness, lange Visagisten- und Make-up-Sitzungen, bis zu Botox und Schönheits-OPs.
Die Probleme, die wir Menschen haben, sind die Folge eines Lebens fern von Gott - die Kraft der Liebe -, sowie ein rein materialistisches Leben, in der geistige Ignoranz oder Blindheit vorherrschen.

Bestellungen beim Universum oder bei Gott?

Einige dieser Mental- oder Erfolgs-Trainer empfehlen, sich mit dem Universum zu verbinden, was etwas abstrakt ist. Einfacher wäre es, sich mit einem nahen Gott - Schöpferkraft, Energie der Liebe, das Leben, Höhere Intelligenz - zu verbinden, unsere Ziele, Planung und Wünsche dieser Kraft zu übergeben, und darum zu bitten, dass nur Sein Wille geschieht.
Keiner von uns ist ganz frei von materiellen Wünschen und unsere Ziele sind nicht immer rein selbstlos.
Ich empfehle die bewusste Erfahrung und immer Gott miteinzubeziehen, so dass wir unsere Wünsche, Ziele und Planung in Seinen Händen lassen:

Gottes Wille geschieht.
Ich übergebe Dir meinen Wunsch.
Ich lasse ihn in Deinen Händen.
Möge er sich nur dann erfüllen,
wenn es für meine geistige Evolution richtig ist.
Dein Wille geschieht

Warum gelingt es einigen ohne Mühe Millionär zu werden? Oder warum erreichen andere Menschen, die ihre Ziele täglich bejahen und mit Gedanken-Energien arbeiten, den erwünschten Erfolg nicht?
Vieles lässt sich nur erklären, wenn man sich mit Wiedergeburt, Reinkarnation, das Gesetz von Ursache und Wirkung, beschäftigt. Denn wir leben nicht nur ein Mal.
Manche Menschen haben sich ein Potential in einem Vorleben erarbeitet, andere haben sich ein Karma, eine Last geschaffen, die sich in der jetzigen Inkarnation zeigt: Misserfolge, Unfälle, Krankheit, Schicksalsschläge.

All das hängt mit Schatten der Seele auf Grund von Verstößen gegen das kosmische Gesetz der Liebe in Gedanken, Worten und Handlungen in einem oder in mehreren Vorleben zusammen.
Dieses positive oder negative Energiepotential, das sich jeder geschaffen hat, wirkt sich in diesem Leben aus.

Andere Menschen scheitern, weil die Gedanken-Energien, die sie senden, nicht rein sind.
Viele können sich kaum konzentrieren, weil ihr Gehirn voll mit überflüssigen Informationen ist, wie Musik, Bilder aus Filmen, Sorgen, Ängste, Aggressionen, sexuelle Wünsche uvm. Auch das Unterbewusstsein ist oft voll mit alten Programmen und Fehlhaltungen, die uns bestimmen. Wenn wir möchten, dass die Gedanken-Energien wirksam werden, sollten wir einigermaßen frei werden von all dieser „Ego-Last".

Ist Geld etwas Negatives?

Oft gibt es eine negative Prägung im Unterbewusstsein über das Thema Geld, was zu Geldproblemen führen kann. Vorurteile und Glaubensätze gegen Geld sollten wir ablegen, wenn wir Geld anziehen wollen.
Geld ist ein Tabu-Thema, Geld ist oft negativ geprägt, z.B. durch die Bibel mit Texten über die Reichen.

Viele denken negativ über Reiche und dennoch sind die reichen Menschen oft die mutigen, die Risiken eingehen, Betriebe gründen und Arbeitsplätze schaffen. Das rechtfertigt nicht die Fehler, die in vielen Firmen und Konzernen gemacht werden. Andere kritisieren die Reichen, Machthaber oder Regierenden, jedoch dahinter steckt oft Neid. Wenn dieselben armen Menschen plötzlich reich wären, würden sie oft die gleichen Fehler machen, die sie vorher bei anderen kritisiert haben.
Hilfsorganisationen, Gemeinschaften und Vereine in dieser Welt brauchen viel Geld, in Form von Spenden, für ihre Projekte. Jedoch ein Großteil dieser Projekte scheitert, weil das Geld fehlt.
Zeit ist Geld, denn wenn wir mehr Geld haben, müssen wir weniger arbeiten. Alles ist mit Geld verbunden.
Geld ist ein Mittel, um etwas zu erreichen.
Geld ist Maßstab für Erfolg = Geld ist Energie.
Geld ist auch göttliche Energie und es liegt an uns, ob wir sie zum Wohle verwenden oder zum Missbrauch.
Wenn wir nach dem Gesetz der Liebe und Einheit leben, dann fließt auch die Energie in Form von Geld und es mangelt uns an nichts.
Das Gesetz Gottes sagt nicht, dass der Reiche alles verschenken soll. Sondern: Diene damit vielen!

»Heißt das nun, dass man äußeren Reichtum meide? Durchaus nicht; es gilt nur, nicht sein Sklave zu sein und von ihm abhängig zu werden.«

»Der Weise wertet den Reichtum als bloßes Mittel,
nicht als Zweck.«

»Mancher ist arm bei großem Gut,
und mancher ist reich bei seiner Armut.«

»Wahrer Reichtum, der nicht fesselt,
ist innen und kommt von dort.«

Seneca, Philosoph, Naturforscher, Staatsmann

Wahrer Erfolg kommt von Innen

Das Positive an diesen Erfolgs- und Mental-Trainings-Methoden ist, dass die Menschen sich bewusst werden, dass Gedanken Kräfte und Energien sind, die zur Materialisation und Verwirklichung streben.
Was folgt ist eine Reihe von Grundprinzipien und praktischen Hilfen:

Was wir senden, kommt auf uns zurück

„Was der Mensch sät, das wird er ernten."

„Behandle andere so, wie du von ihnen
behandelt werden willst."

„Was du nicht willst das man dir tu,
das füg auch keinem andern zu."

Wir können nur glücklich und frei werden, wenn wir so leben, dass es allen gut geht.
Die Welt wäre eine Oase des Friedens, wenn die Menschen diese Prinzipien achten oder mit positiven Gedanken-Energien und mit der Kraft der Liebe, arbeiten würden.

Innere Klarheit

Je freier wir werden von menschlichen Aspekten oder unserem Ego, desto mehr Klarheit schaffen wir in unserem Leben.
Um Klarheit zu erreichen, sollten wir Ordnung machen in unserer Gedankenwelt, in unserem Leben, in unserer Vergangenheit, in der Beziehung zu anderen Menschen.

Klarheit bedeutet, ich weiß, was ich will; ich habe klare Ziele.

Wer kein Ziel hat, kann auch keines erreichen

Viele Menschen setzen sich schriftliche Ziele für das nächste Jahr, leider bleiben sie oft in der Schublade und werden vergessen.
Ziele im Leben haben ist wichtig! Ziele kann man aufschreiben und wöchentlich oder täglich lesen.
So bekommen die Ziele Energie und werden lebendig.

Selbstbewusste Menschen suchen sich immer neue Ziele, mit dem Ergebnis: Sie trainieren ihre Motivation, Kreativität, Willenskraft und ihr Selbstvertrauen.
Selbstbewusste und starke Menschen wissen: Rückschläge gehören zum Leben.
Erfolgsintelligenz bedeutet, aus ihnen etwas zu lernen.
Nur wer weiß, was er wirklich will, lässt sich von Krisen und Niederlagen nicht aus der Bahn werfen.
Perspektiven und Visionen sind die Basis einer optimistischen Lebenshaltung.
Wenn man sie schriftlich festhält und sich immer wieder daran erinnert, verspürt man mehr Kraft. Man sollte dabei bestrebt sein, dass die Ziele nicht egoistisch sind!

Was wir als Ziele schreiben und uns vornehmen, wirkt wie ein Magnet, der uns zum Ziel führt.

Sich Ziele setzen für die eigene Entwicklung, aber auch für Beruf, Familie, Ehe und Partnerschaft ist eine Hilfe auf dem Weg der Evolution.
Aber allein an die Ziele zu denken ist nicht genug - man muss auch etwas dafür tun.
Wichtig ist, die Schritte zu konkretisieren, die zu tun sind, um das Ziel zu erreichen.

Immer das Ziel vor Augen haben

Definiere was du willst: Ziele kann man aufschreiben und täglich oder öfter lesen. So bekommen sie Energie.
Wenn man sie schriftlich festhält und sich immer wieder daran erinnert, verspürt man mehr Kraft.

Erfolgreiche Menschen haben immer fest an ihren Erfolg geglaubt und sich durch nichts und niemand von ihrem Weg abbringen lassen. Sie behalten ihr Ziel immer vor Augen. Sie interessieren sich mehr für ihre eigenen Ziele als für die Erwartungen anderer.

Wichtig ist auch, mit Affirmationen zu arbeiten, mit bildhaften Vorstellungen der gewünschten Dinge oder Zustände, das Entwerfen konstruktiver Gedankenbilder.

Wenn wir nicht wissen, was wir im Leben wollen, oder keine konkreten Ziele haben, hilft, sich öfters fragen: Was ist Gottes-Wille?
Und danach um Seine Führung bitten.

Eine Quelle für Ziele könnte sein, sich die Fragen stellen, die wir beim nächsten Thema über die Lebensaufgabe aufgelistet haben.

Wie finde ich meine Lebensaufgabe?

Jeder von uns ist wertvoll und hat eine bestimmte Lebensaufgabe, die auf unseren mitgebrachten Fähigkeiten und Talenten basiert. Diese sollten wir entdecken und ausbauen.
Als Hilfe kann dienen, dass wir unsere Talente und Fähigkeiten aufschreiben, eine Liste erstellen, die wir in regelmäßigen Abständen erweitern.

Auf weiteren Listen notieren wir, was uns Freude macht?
Wie können wir anderen Menschen, Tieren und der Natur dienen?
Was können wir tun, damit diese Welt besser wird?

Die Ergebnisse dieser Aufstellungen können kombiniert werden.
Dies kann uns helfen, unser Selbstwertgefühl zu steigern und den richtigen Job oder die Lebensaufgabe zu finden.
Immer wachsam für Neuentdecktes sein, nicht enttäuscht sein, wenn wir nicht sofort das finden, was zu uns passt. Oft gibt es „Zwischenstationen" in Jobs oder Berufen, die uns helfen, einige innere oder äußere Aspekte zu entwickeln, z.B. Eigenständigkeit, Durchhaltevermögen, Standfestigkeit, Eigeninitiative, Kreativität, Demut, innere Stärke uvm.

Es kann eine große Hilfe sein, diese Prozesse in ein Tagebuch oder den PC zu schreiben. Der nächste Schritt ist, sich einer höheren Macht - Intelligenz, Universum, Gott, Schöpferkraft, Jesus oder Christus - anzuvertrauen.

Ein Dialog oder Gespräche mit Gott oder mit Christus führen und konkrete Fragen stellen:

Welches ist meine Aufgabe? Was ist Dein Wille?
Wie kann ich Dir und meinem Nächsten am besten dienen? Wie kann ich dem Gottesplan dienen?

Die Antwort dieser höheren Macht kommt oft durch Zufälle und Tagesimpulse, die vielseitig sein können: Eine Idee oder ein Gedanke, der uns einfällt, ein Traum, eine Begegnung mit einem Menschen, ein Film, ein Programm im Fernsehen, ein Buch, eine Zeitschrift.

Wenn man „sich führen lässt", wird das Leben interessant und wir „ziehen" das an, was zu uns passt, einen Beruf oder eine Aufgabe, in der wir schöpferisch und kreativ sein können, die uns Zufriedenheit und Freude bereitet.

Wir werden dann „intuitive Herzensdenker".
Unser sechster Sinn - die Intuition - wird „schärfer", wenn wir in unser Lebensziel die „Hingabe an Gott" und den Wunsch, „Gottes Willen zu erfüllen" einbeziehen.

Das Wort „Hingabe" hört sich vielleicht „kirchlich" an, aber es hat damit nichts zu tun.
Wenn wir uns dieser höheren Macht oder Intelligenz - Gott - täglich mehrmals hingeben, können wir diesen Prozess der Selbstfindung beschleunigen.
Und wenn wir einige Schritte auf diesem Weg getan haben, merken wir, dass Sicherheit und Vertrauen von innen wächst und parallel dazu die Gewissheit:

Es ist richtig was ich tue! Ich lasse mich weiter führen!

Dann sind wir von innen her glücklich, gelassen, frei von Unsicherheit, Ängsten und Sorgen, weil wir uns von der höchsten Macht des Universums in unserer Lebensaufgabe für die Neue Zeit geführt fühlen.

»Wenige Menschen ahnen, was GOTT aus ihnen machen würde, wenn sie sich Seiner Führung rückhaltlos anvertrauen.«

Alte Weisheit

Tipps bei Arbeitsplatzverlust oder -suche

- Nicht passiv, untätig - „arbeitslos“ - bleiben, sondern suchen und suchen, nie aufgeben.
- Offen sein, Neues lernen, Neues sich aneignen.
- Eigene Talente und Fähigkeiten entdecken und ausbauen.
- In jedem Job können wir etwas lernen, z.B. Demut, Verständnis, Standfestigkeit, Geduld uvm.
- Offen sein für verschiedene Tätigkeiten, auch wenn sie unter unserer Qualifikation liegen.
- Auch im Alter eine Beschäftigung suchen.
- Oder noch besser, die Lebensaufgabe finden!

Was ist Erfolg?

Viele möchten Erfolg haben, aber wie definiert man Erfolg richtig?
Erfolg verbindet man mit Selbstbewusstsein, außergewöhnlichen Leistungen, einem Eintrag im Buch Guinness Record, Attraktivität, sexy Sein, vielen Liebhabern, Ruhm, Freiheit, Sicherheit, Macht, Millionär sein, Geldüberfluss, Luxusleben oder dem Besitz von vielen materiellen Gütern.
Jedoch man kann auch Erfolg haben ohne das alles.

Erfolg aus der geistigen Sicht bedeutet:

- Von innerem Glück erfüllt sein.
  Innere Ausgeglichenheit und Harmonie erlangen.

- Mit dem Partner eine tiefe Freundschaft und innere Verbundenheit entfalten.
  Den Weg der geistigen Evolution gemeinsam gehen und für andere da sein.

- Unsere Feinde lieben, Versöhnung, Vergeben:
  Schaffen, dass unsere Feinde zu Freunden werden.
  In Friede sein mit sich selbst und mit anderen Menschen.

- Zufriedenheit mit sich selbst, im Beruf:
  Die Lebensaufgabe finden.

- Selbst glücklich sein.
  Andere Menschen glücklich machen.

- Die Gedanken-Kontrolle erreichen.
  Mit Gedanken-Energien arbeiten, schöpferisch und kreativ sein zum Wohl aller.

- Den Sieg über sich selbst erlangen.
- Frei sein von selbstbezogenen Wünschen.
  Frei sein von ichbezogenen Seiten.
- Sich vom Rad der Wiedergeburt befreien,
  um nicht mehr zur Inkarnation kommen zu müssen.
- Wahrer Erfolg im Leben bedeutet, für das Wohl von Menschen, Natur und Tier aktiv zu sein:
  Millionen Tieren das Leben retten durch Aktivitäten für einen veganen Lebensstil.
- Frieden in sich entfalten.
  Sich für den Frieden in dieser Welt einsetzen.
- Die All-Einheit mit Mensch, Natur, Mineralien, Pflanzen und Tieren entfalten.
  Wir sind in Liebe mit allen Lebensformen verbunden.
  Die Sprache der Pflanzen und Tiere verstehen.
- Den Stein des Weisen finden = Gott wirkt durch uns!
  Wir erfüllen Gottes Wille.
- Göttlich werden: Die selbstlose Liebe entfalten.
  Unsere Gefühle, Gedanken, Worte und Handlungen entsprechen dem Gesetz der Liebe.
- Eins sein mit Gott und mit Christus.
  Eine dauerhafte Verbindung mit Gott, der Schöpferkraft, dem Leben, der Kraft der Liebe.

Finde den Stein der Weisen

Als den Stein der Weisen bezeichneten früher die Alchemisten eine angebliche Substanz, mit der man unedle Metalle, wie Blei oder Quecksilber, in Silber oder Gold verwandeln könne.
In der Alchemie wird der Stein der Weisen auch als Erleuchtung gedeutet. Durch spirituelle Übungen, Selbsterkenntnis, Meditation und Gedankenarbeit kann die Seele des Menschen vom verhärteten Eisenzustand in den erleuchteten Goldzustand verwandelt werden.

Erfolg durch das Finden des Steins der Weisen bedeutet in Wirklichkeit:
Wir entfalten eine lebendige Beziehung zu Gott und lassen zu, dass er durch uns wirkt.
Folgende Text aus einem alten Buch aus der Göttlichen Weisheit erklärt noch besser diese Sichtweise:

»Gott ist in jeder Situation, in jedem Wort, in jeder Geste, in jeder Bewegung, in jedem Schritt. Und Gott ist immer das Positive, immer das Gute.
Er möchte stets das Beste für uns.
Ist uns bewusst, dass Gott immer das Beste für uns möchte, dann werden wir uns Ihm auch mehr und mehr anvertrauen; wir werden Ihn um Hilfe, um Rat und Beistand bitten.
Er erfüllt Seinem Kind die gesetzmäßige Bitte.
Das bedeutet: Wollen wir Seine Gesetze erfüllen, so können wir sicher sein: Er wird uns leiten; Er wird uns helfen; Er wird uns dienen.

Diese Menschen haben den Stein des Weisen gefunden; sie lassen Gott durch sich wirken.

Wer in allem, was er empfindet, denkt, redet und tut, mit Gott die Verbindung hält, der wandelt wahrlich im Lichte Gottes, und Gott tut durch ihn die Werke der Liebe.

Wahrt in allem das Bewusstsein:
Gott ist gegenwärtig, Gott ist in allem.
Habt ihr euch diese Gewissheit einverleibt, dann weichen von euch Einsamkeit, Verlassenheit und Trübsal; ihr werdet Gemeinsamkeit, inneres Glück und weitere Einsicht gewinnen.«

Göttliche Weisheit (11)

Auf Gott bauen bringt Erfolg

»Viele Menschen richten sich auf ihre Mitmenschen aus, erwarten von ihnen Bestätigung; sie möchten Anerkennung, Erfolg und gut dastehen. Diese Wünsche sollten wir uns einmal genauer ansehen und uns fragen:
Was bringt uns die Anerkennung, der Erfolg, was bringt uns das „Gut-Dastehen"?
Vielleicht bringt uns das Geld und Ansehen - doch fragen wir weiter: Geben uns Geld und Ansehen Sicherheit?

Müssen wir nicht gleich wieder bangen, ob es uns nicht genommen wird? Auch mit Geld, Gut und Ansehen sind wir doch oftmals unzufrieden und unglücklich.

Spielen wir das alles einmal durch, stellen wir uns in die Situationen und Abläufe hinein, so spüren wir, wie es uns ergehen würde - und sicher auch schon ergangen ist.

Dann stehen wir immer wieder vor der Frage:
Was wollen wir denn eigentlich?
Sind wir mit dem Ergebnis zufrieden?
Bringt uns der Erfolg die Erfüllung?

Oder, wenn wir gut dastehen wollen:
Lobt uns heute ein Mensch - wissen wir denn, ob er nicht morgen schon wieder anders spricht oder ob er uns nur mit den Lippen lobt und ganz anders denkt?
Allzugern setzen wir uns diesen menschlichen Spielen aus. Und gelingt es dann nicht so, wie wir es uns wünschen, dann werden wir aggressiv oder depressiv.
So geraten wir mehr und mehr in die Verstrickungen unserer Ursachen. Ereilt uns das Schicksal, dann wundern wir uns.

Gehen wir doch immer wieder den Weg der Selbsterkenntnis.
Analysieren wir unsere Wünsche, unsere Erwartungen:
Was bringt uns der Erfolg?
Was bringt uns das „Gut-Dastehen"?
Wo führt es hin? Was kommt unter dem Strich heraus?

Es hat wohl noch keinen Menschen gegeben, der mit Recht von sich sagen konnte: „Ich bin dadurch wahrhaft glücklich, zufrieden und froh geworden."

Durch Anerkennung, Lob, Erfolg, Ehren und Schmeicheleien hat auch noch niemand die Selbstlosigkeit erlangt.
Die menschliche Energie, die uns zufließt, baut uns scheinbar auf; wir fühlen uns kurzzeitig belebt und angehoben. Doch nach dem kurzen Höhenflug geht es umso steiler bergab. Wir müssen erkennen:
In Wirklichkeit bringt es uns nichts.
Es führt immer ins Tal der Tränen und der Bitternis.

Erfolg bringt häufig auch Angst - z.B. die Angst, der weitere Erfolg könnte ausbleiben. Wenn wir „gut dastehen", liegt in uns schon der Zweifel, ob man uns morgen auch noch mag, die Angst, wir könnten abgewertet werden.

Was wäre denn so schlimm daran, einmal abgewertet zu werden?
Der Mensch denkt heute so und morgen anders.
Heute wertet er uns ab, morgen hat er vielleicht wieder ein gutes Wort – damit wir ihn aufwerten.
Solange wir auf Menschen schauen und von Menschen etwas erwarten, sind wir immer die Unterlegenen.

Auf Gott zu bauen setzt das Vertrauen in Ihn voraus, dass wir uns Ihm anvertrauen können.
Uns Gott anvertrauen heißt, unser menschliches Ich aufgeben.
Auch wenn schwierige Situationen auf uns zukommen, Entscheidungen, bei denen wir unter Umständen kurzzeitig, auf uns selbst gestellt sind - wir müssen vertrauen; wir müssen den Schritt tun, auch wenn wir nicht wissen, was anschließend kommt.

Bauen wir auf Gott und sind uns sicher, dass Gott uns beisteht, dann haben wir den Schritt des Vertrauens getan.
Stehen wir vor der Entscheidung, etwas aufgeben zu müssen und nicht zu wissen, wie es weitergeht, dann heißt es, Gott, unserem Vater, blind zu vertrauen.
Warum blind? Wüssten wir schon im Voraus, was Gott für uns tun wird - was wäre das für ein Vertrauen?

Das wahre Vertrauen Gott gegenüber zeigt sich darin, dass wir uns Ihm uneingeschränkt anvertrauen, ohne zu wissen, was der nächste Schritt bringt.
Wir trauen Gott. Ganz gleich, was geschieht, wir leben in dem Bewusstsein: Gott ist gegenwärtig.
Er steht uns zur Seite. Er will das Beste für uns.«

Göttliche Weisheit (11)

Kapitel VI

Gesetze für höheres Denken

Gesetze für höheres Denken

»Geistiges Handeln ist das eigentliche Handeln. Der Gedanke ist die wahre Handlung und eine dynamische Kraft.
Gedanken sind sehr ansteckend. Wenn du andere verletzt, wenn du schlecht über Menschen sprichst, Böswilligkeiten sagst, klatschst, wenn du andere ausnutzt, wenn du dich des Besitzes anderer mittels übler Methoden bemächtigst, wenn du etwas tust, was anderen Schmerz bereiten könnte, wirst du Schmerz ernten.
Du wirst auf ungünstige Umstände, Voraussetzungen und Gelegenheiten treffen.

So wie wir denken, so werden wir: Das ist eine große Wahrheit und ein fundamentales psychologisches Gesetz des Geistes: „Wie der Mensch denkt, so wird er."

Denke „Ich bin stark", und du wirst stark sein.
Denke „Ich bin schwach", und du wirst schwach sein.
Denke, „Ich bin rein", und du wirst rein werden.
Denke, Ich bin edel", und du wirst edel werden.

Jeder Mensch hat seine eigene Gedankenwelt und die Vorstellungkraft wirkt Wunder.
Gedanken sind Energien und haben eine gewaltige Kraft.
Worte und Taten folgen einfach den Gedanken.
Wenn du richtig denkst, wirst du richtig sprechen und richtig handeln!

Spreche wenig. Rede bewusst.
Sei bestrebt, die Wahrheit zu sprechen.
Sei sorgfältig mit deinen Worten.
Spreche nur liebevolle Worte.

Spreche niemals harte Worte, die die Gefühle anderer verletzen könnten.
Entwickle Geduld, Barmherzigkeit und universelle Liebe.

So wie deine Gedanken sind, so wird dein Leben sein.
Wie du denkst, so wirst du.
Verbessere dein Denken.
Bessere Gedanken führen zu besserem Handeln.

Lerne es, Gott überall zu sehen!

Das ist wirkliche Nahrung für das Auge. Du siehst besser, hörst besser, hast bessere Geschmacksempfindungen und denkst besser, wenn deine Gedanken erhaben und göttlich sind.«

Swami Sivananda (1887-1963), Arzt

Denke an Gott, pflege reine und edle Gedanken

Was anschließend folgt, ist eine gute Beschreibung aus der Göttlichen Weisheit über das Thema, die Kraft der Gedanken in Bezug auf Gott, und warum wir edle Gedanken pflegen sollen: »Alle Laster unseres Daseins haben ihre Wurzeln in einem Leben ohne Gott. Wer den christlich-mystischen Pfad der Liebe zu Gott beschreitet, wird in sich selber erfahren: Mit Gott lebt sich´s leichter!

Viele erfasst das Ahnen, dass Gott nicht fern von uns ist, dass er nicht unnahbar in fernen Regionen lebt, sondern in uns die wahre Quelle, das wahre Leben, ist.
Diese innere Quelle sollte täglich, stündlich unser Zufluchtsort sein, die Geburtsstätte, in der Glück, Sicherheit, Frieden und Harmonie beschlossen sind, in der die kosmische Liebe - ohne die es kein Erwachen zu höherer Geistigkeit gibt - beständig an die Pforte pocht und uns zur Umkehr und Einkehr in unser Inneres ermahnt.

Man muss lernen, nicht mehr von außen, sondern von innen her zu leben und zu wirken. Dazu müssen wir das Geröll menschlichen Ichs hinwegräumen. Dann gelangen wir zum Ursprung der Quelle, die sich beständig verschenkt. Sie ist die lebendige Sonne, das Leben, das alles hervorbringt, das alles Sein durchdringt und nährt.

Auf dem Weg zum Reich des Inneren in uns erfahren wir, dass ohne Gedankenkontrolle, Konzentration und Sammlung keine innere Einheit und keine Meisterung unseres menschlichen Ichs möglich ist. Nur durch ein bewusstes Leben in Gott, durch eine disziplinierte, gewissenhafte Erfüllung Seiner Gesetze und durch ein Leben aus dem Inneren erlangen wir die wahre Schicksalsüberlegenheit.

Wir müssen wieder geistig werden und uns in die Einheit mit dem Leben begeben; dadurch erlangen wir die Kräfte, um weiter zu wachsen und zu reifen, bis wir in uns die Vollendung erlangt haben. Dann hat sich auch der Himmel in uns aufgetan, und wir sind im Himmel, gleich, wo wir stehen, wo wir gehen, ob wir noch Menschen sind oder schon Wesen anderer Welten.
Wir Menschen bergen in uns unermessliche Schätze und Kräfte, die wir durch ein bewusstes, zielstrebiges Leben heben und nutzbar machen können.

Die Kräfte zur Höherentwicklung müssen wir in uns selbst entdecken, unser menschliches Leben müssen wir meistern, um zum schöpferischen Quell des Lebens, zur Harmonie, zur unendlichen Kraft, zu finden.«

Gedanken sind schöpferische Kräfte

»Gedanken haben bestimmte Formen, Qualitäten, Substanzen und Energien, die uns beeinflussen und auf unser Nervensystem wirken. Daraus ersehen wir, dass unser Denken, das Werkzeug einer schöpferischen Kraft ist, schöpferisch nicht bloß bildlich gesehen, sondern ganz real.

Alles, was sich im Materiellen befindet, alles, was uns überhaupt im materiellen Teil des Universums bekannt ist, hat seinen Ursprung im Gedanken. Durch unsere Gedanken erhielt es seine Form. Alles, was wir geschaffen haben, denken wir an Häuser, Kunstwerke, Autos oder Maschinen, hat, ehe es seinen stofflichen Ausdruck und seine materielle Form fand, seine Geburt und seinen Ursprung im Gedanken, im Verstand des Menschen.«

Einflüsse aus der unsichtbaren Welt

»Die unsichtbare Welt umfasst zunächst jene Bereiche, in denen die Seelen leben. Auch die atmosphärische Chronik gehört zu diesen Schwingungsebenen, in denen alle Gedankenkräfte von Menschen und Seelen Aufnahme finden. Das kann auf uns Einfluss nehmen, wenn wir uns gedanklich auf einer ähnlichen Wellenlänge befinden.

Wir selbst haben es ganz in der Hand, die Reihe der Gedanken zu bestimmen, die wir bilden, und damit auch die Reihe der Einflüsse, die wir anziehen wollen. Wir sind keine willenlosen Produkte der Umstände, es sei denn, wir wollen es ausdrücklich sein.

Wir können in unserem Leben das Steuer in der Hand behalten und genau bestimmen, welchen Kurs wir nehmen und an welchen Punkten wir anlegen wollen.
Wir können dies auch unterlassen; dann treiben wir aber in dem Meer unzähliger Gedankenschwingungen und Einflüsse und werden hin und her geweht.

Darum sollte uns jeder Gedanke willkommen sein, der uns zu höherer Geistigkeit, zu göttlichem Leben führt. Dann werden wir fähig, die Hilfe der edelsten und auch reinsten Wesen zu empfangen, die uns sodann näherkommen und uns behilflich sind, eine höhere Geistigkeit zu erlangen.

Wir bestimmen Saat und Ernte durch unser Denken.
Unser Denken beherrschen heißt, unser Leben zu bestimmen.«

Der Mensch ist ein Sender und Empfänger

»Unsere Gedanken sind der Steuermann unserer Seele und unseres Leibes. Wir Menschen sind also zugleich Empfänger und Sender hoher und niederer Gedankenschwingungen. Richten wir unsere Empfänger auf höhere geistige Lebensbereiche aus, so werden wir auch lichte und edle Impulse, also Gedankenschwingungen empfangen, die wiederum uns tragen und für weitere Geistigkeit vorbereiten.

Wer sich bemüht unablässig edel und rein zu empfinden und zu denken, der wird auch wiederum edle, reine Gedankenwellen empfangen, der wird auch Gottes Reichtum und Fülle empfangen, denn Gott, die ewige Kraft, sendet unermüdlich.

Wer von diesem heiligen Sender geführt und inspiriert werden möchte, der muss durch entsprechende Empfindungen und Gedanken seinen Empfänger auf das Höchste, auf die ewige Energiequelle, Gott, ausrichten.«

Sensitive Menschen

Sensibilität ist nicht das gleiche wie Sensitivität: Wenn Menschen zu schnell weinen oder erschüttert sind, deutet dies oft auf Unreife, Mangel an Standfestigkeit oder gestörtem Selbstwertgefühl hin. Es kann auch ein Zeichen der inneren Unruhe, durch Spannungen mit anderen Menschen oder nicht verarbeiteten Traumen und seelischen Konflikten im Leben, sein.
Ego-Sensibilität zeigt sich, wenn ein Mensch alles zu sehr auf sich bezieht oder oft mit sich selbst beschäftigt ist.

Um das zu bewältigen, ist es wichtig, Ordnung im Leben schaffen, Gedankenkontrolle üben, Friede mit seinen Mitmenschen, sowie das Erlernen einer gebenden Haltung im Leben.
Das Üben Liebe zu senden, kann uns dabei helfen, weg von uns zu denken und innere Standfestigkeit zu gewinnen.
Andere Hilfen, um sich zu Erden und Festigkeit zu gewinnen, sind Bewegung, Sport, den Kontakt mit der Natur und Meditatives Wandern.

Die geistige Sensitivität ist ein stetiger Begleiter auf dem Weg der geistigen Evolution, und parallel eine große Hilfe, wenn sie richtig genützt wird.
Das wird in folgendem Text sehr schön erklärt:

»Manche Menschen sind sehr feinfühlig beschaffen, ihr Organismus ist ungewöhnlich empfindsam gebaut.
Ihr Nervensystem reagiert auf jede Schwingung.

Solche Menschen werden von dem Geistzustand derer, mit denen sie in Berührung kommen oder in deren Gesellschaft sie sich befinden, jedesmal mehr oder weniger „angesteckt". Sie erleben sodann intuitiv, mit welchem Geistzustand sie es bei ihrem Nächsten zu tun haben.

Auf dem Pfad zu Gott wird der Mensch immer sensitiver, das heißt, nicht nur durchlässig für das Innere Licht, sondern auch sehr aufnahmefähig für die Schwingungen seiner Mitmenschen.

Haben wir eine geistige Sensitivität erlangt, dann erkennen wir sehr bald, dass wir durch ein falsches Verhalten unserem Organismus Missstimmung, Unruhe und Friedlosigkeit übertragen, die unseren zarten, feinen geistigen Leib, die Seele, wie mit Stichen berühren.
Wenn ein Mensch so sensitiv ist, kann dies das Leben im höchsten Grad unruhig gestalten.

Falls er nicht imstande ist, die auf ihn einwirkenden Kräfte richtig einzuordnen und sich gleichzeitig vor unerwünschten, negativen Einflüssen zu schützen, zu verschließen, so kann er unter Umständen sehr darunter leiden oder gar erkranken.

Es ist jedoch kein Unglück, so feinnervig beschaffen zu sein. Im Gegenteil, diese Sensitivität fördert in hohem Maße die Erschließung der inneren Geistigkeit und die Ausbildung höherer geistiger Fähigkeiten, denn man ist sowohl für die von innen kommenden Seelenkräfte als auch für die von außen kommenden höheren Kräfte offener und empfänglicher.

Die Sensitivität für Höheres kann jeder erlangen, da in jedem von uns das Göttliche wirksam ist.
Wem es gelingt, durch die selbstlose Tat im Geiste Gottes, die Liebe zu verwirklichen, dem werden die höchsten Eingaben geschenkt.

Wenn wir eine geistige Haltung bewahren, werden wir still. Wir gelangen unter den Einstrom feiner, aber mächtiger Einflüsse, die dann auch einen geistigen Erfolg herbeiführen.

Dabei werden alle niederen und unerwünschten Schwingungen, ob von der sichtbaren oder der unsichtbaren Welt, den Reinigungsbereichen, ferngehalten, während alle höheren Ströme angezogen werden.
Je stärker diese Anziehung durch ein gesetzmäßiges Leben ist, umso mehr kommen sie und unterweisen und führen uns.«

Göttliche Weisheit (1)

Leben als Knecht unserer Gedanken oder in der inneren Freiheit?

»Durch den Unwissenden, der nicht in der Selbstkontrolle steht, strömt unaufhörlich die Flut der Gedanken, Tag für Tag, Jahr für Jahr. Sie sind die Verursacher aller Auswirkungen wie Krankheit, Not, Schicksal und Leid.
Gedanken sind Samen gleich, die Wurzeln fassen, emporwachsen und Früchte ganz nach ihrer Art tragen.
Wollen wir glücklich und gesund werden, Harmonie, Liebe und Frieden ernten, dann müssen wir zuvor die Saat rechten Denkens in den Acker unseres Lebens säen, in unsere Seele. Wir müssen uns darüber klar werden, dass jeder Gedanke, sowohl der positive wie auch der negative, nach seiner Verwirklichung strebt.

Je häufiger ein Gedanke gedacht wird,
desto stärker wird seine Kraft.

Die Kräfte unserer Gedanken sind mächtiger,
als wir es je erfassen können:
Was wir denken, wird früher oder später Wirklichkeit!

Solange wir nicht auf Selbstbemeisterung unseres menschlichen Ichs achten, sind wir die Knechte unserer Gedanken, die uns übermannen und Wirkungen heraufbeschwören, die der Einzelne nicht in vollem Umfang zu erfassen vermag.
Wir sind dadurch an unsere Vorstellungen und Wünsche, an unsere Gedankenwelt gebunden und leben nach unserem eigenen Sinn in der Gottfernheit.
Wer sich von seinen Gedanken und Wünschen knechten lässt, ist ein geistig Blinder, der nicht richtig zu denken und zu leben vermag.
Er geht am Leben vorbei und glaubt zu leben, weil die Erfüllung seiner Wünsche für ihn das Leben bedeutet.«

Mit Gott lebt es sich leichter

»Wollen wir mit Gott leben, wollen wir zum Ursprung der Quelle gelangen, dann müssen wir immer selbstloser, göttlicher denken, Frieden haben und Frieden schenken, Freude haben und Freude geben, Liebe haben und Liebe geben.
Ist das Prinzip des Empfangens und Gebens ausgewogen, dann leben wir in Gott. Und Gott nimmt unsere Bitten an und gibt uns drei-, viermal so viel von dem, wofür wir baten, sofern es gut für unsere geistige Entwicklung ist.«

Gott ist Freiheit, und wer zur Freiheit gefunden hat, zum inneren Glück, zur inneren Liebe und zur inneren Freude, lebt fortan in Gott und Gott durch ihn, er lebt also mit Gott.
Wir müssen frei und losgelöst sein von allen Zwängen, Wünschen und Vorstellungen, um wieder göttlich zu werden, mit Gott leben zu können.«

Richtiges Denken ist bewusstes, positives Denken

»Was sind gegensätzliche Gedanken? Gegensätzliche Gedanken sind vergrübelte, ziellose Gedanken, die zu innerem Zwiespalt, zu Nervosität, Zerrissenheit, Kraftlosigkeit, zu Ängsten und Sorgen führen.
Durch mangelhafte Selbstbeherrschung gelangen wir in den Bann der Willensschwäche. Daraus ergeben sich Disharmonie, Unruhe, Furchtsamkeit, Unzufriedenheit, Schlaflosigkeit, Zerfahrenheit und schließlich Abhängigkeit von Dingen und Medikamenten, von Menschen, Anschauungen und Dogmen.«

Göttliche Weisheit (1)

Was heißt bewusstes Denken?

»Wir müssen uns bewusst werden, dass uns eine gewaltige Kraft liebt, die vorwärts strebt, nach Erfüllung und Verwirklichung drängt.
Bewusstes Denken heißt: Ich lebe in der Gegenwart; ich bin nicht mehr nachtragend und habe auch keine Sorgen um die Zukunft.
Ich habe mein Leben geordnet, bin zielstrebig, plane, doch sorge ich mich nicht, ob mein Plan gelingt; ich werde mich einsetzen, um durch die Kräfte der Liebe alles einzuleiten, was notwendig ist.
Dann werden diese Kräfte für mich arbeiten und bewirken, was gut und förderlich ist.
Das ist bewusstes Denken, das ist zielstrebiges Leben in der Gegenwart.
Durch zielstrebiges, bewusstes, positives Denken vermehren wir die Energien unserer Seele und auch unseres Körpers, wodurch wir wesentlich mehr leisten, wacher und bewusster leben.

Bewusstes Denken ist also Zieldenken:
Was wir tun, das tun wir ganz.

Bewusstes Denken heißt:
Fühlen und Wollen sind unermessliche Kräfte, wenn wir sie in den Dienst des Geistes stellen.

Wir müssen erkennen, dass Gott Liebe ist. Senden wir Gedanken der Liebe, so werden wir auch Kräfte der Liebe empfangen. Dadurch erlangen wir inneres Wachstum; Freude und Frieden ziehen in uns ein.
Die Kraft der Liebe ist eine gewaltige Kraft, die in jedem von uns schlummert und aktiv wird, sobald wir uns ihr gedanklich zuwenden.«

Aktivierung der positiven Kräfte durch Konzentration

»Um die inneren Kräfte verstärkt in Bewegung zu bringen, müssen wir zuerst uns selbst bewegen, indem wir uns aufmachen, Gedankenkontrolle zu üben und uns konzentrieren zu lernen.
Konzentration ist die Folge der Gedankenkontrolle.
Wir bejahen die positiven Gedanken, die selbstlosen Kräfte in uns, wir bejahen, was wir erreichen wollen.
Dies muss allerdings im Willen des Herrn liegen; nicht unser Wollen, sondern Gottes Wille ist entscheidend.«

Wir bejahen das Positive und das Gottgewollte

»Wir werden also wie eine Linse, welche die Sonnenstrahlen bündelt und auf eine kleine Fläche konzentriert. Auch unsere positiven Gedanken bündeln wir und richten sie auf den Willen des Herrn entsprechend aus.

Durch die Ausrichtung auf den Willen Gottes, der von Seiner Liebe und Weisheit getragen wird, erlangen wir Ruhe und Frieden und das Bewusstsein, dass die positiven Kräfte alles ordnen, was gut für uns ist.

Wir müssen zu dem inneren Frieden finden, um unseren Beitrag für das wahre Menschentum zu leisten, denn wir sind nicht in der Welt, um mit der Welt zu sein. Wir sind in der Welt, um uns zu verändern und dann an der Welt mitzugestalten, damit das neue Menschentum erwacht, das aus dem Geiste Gottes empordämmern möchte.«

Frieden und Stille sind die Voraussetzung, um mit Gott zu leben

»Friede und Stille in unserem Inneren sind ein kostbares Gut. Daraus ergibt sich die beglückende Kraftquelle, die den Menschen beschwingt, harmonisiert, stabilisiert und von äußeren Einflüssen unabhängig macht.
Aus ihr heraus gelingen auch Gedankenkontrolle und Konzentration mühelos. Das äußere Verhalten zeigt sich dann als Folge des ausstrahlenden, inneren Potentials.«

Entspannung führt zu Konzentration und Stille

»Wir müssen an uns arbeiten und uns durch Disziplin eine geistige Verhaltensweise aneignen.
Wir müssen geistig wachsen, um die Kräfte zu erwecken und zu entfalten.
Wir hörten und hören immer wieder: Gedanken sind Kräfte. Jeder einzelne Gedanke wirkt auf unsere Nerven und Muskeln ein.
Unsere rastlos hin und her jagenden Gedanken halten unsere Nerven und auch unsere Muskeln beständig in so straffer Spannung.
Deshalb heißt es: Entspanne dich des Öfteren, damit du Konzentration und Stille erlernst.

Damit wir Gott näherkommen und mit Gott leben können, bedarf es der tiefen Entspannung und Ruhe, die sich nicht nur auf die Oberfläche unseres Bewusstseins erstreckt, sondern tiefer wirkt, dort, wo auch zugleich das Unterbewusstsein ausgerichtet und entspannt wird.«

Göttliche Weisheit (1)

Wer sich konzentrieren kann, der gewinnt innere Sicherheit

»Die innere Sicherheit wirkt sich auch auf das Äußere aus, auf den Menschen und auf seine Mitmenschen.
Wer die innere Sicherheit erlangt hat, wird souverän, er steht über dem Alltag. Wer über dem Alltag steht, dem dienen die Kräfte des Alls.

Konzentration bei der Arbeit spart Zeit und Kraft, bringt innere Sicherheit und Erfolg!
Wenn wir uns konzentrieren, sollten wir unsere Aufmerksamkeit auf nur eine Sache richten. Sonst sind wir zerstreut.
Unsere Kräfte ziehen dorthin, wohin wir unsere Aufmerksamkeit wenden.
Wir sollten uns folgendes merken: Was immer wir denken, wir sollten es mit allen Kräften denken. Was auch immer unsere Hände tun, wir sollten mit allen Kräften bei dieser Arbeit sein, bei dem, was die Hände tun.

Der gefasste Entschluss wird unsere Aufmerksamkeit und unsere Kräfte bündeln und auf unsere momentane Tätigkeit lenken. Das ist Konzentration. Das bringt Erfolg.«

Unsere Arbeit ist ein Energiefeld

»Bestrahlen wir das Energiefeld durch Konzentration, bündeln wir also unsere Gedanken und richten sie wie eine Linse, durch die Sonnenstrahlen scheinen, auf die Tätigkeit, dann splitten wir den Arbeitsvorgang auf.

Die verstärkt in Bewegung kommenden Energien zeigen uns, wo wir anpacken müssen, damit die Arbeit schneller ausgeführt werden kann.

Im übertragenen Sinne heißt dies: Wenn wir freudig und souverän über dem Alltag stehen, an unsere Tätigkeit herangehen, dann ist die Arbeit, die wir ausführen, unser Diener.
Sie zeigt uns, wo wir anpacken müssen, damit sie schneller erledigt wird. Denn alles ist Energie.
So ist auch die Tätigkeit, die wir jeweils ausführen, ein Energiekomplex.
Spalten wir ihn durch Konzentration auf, dann sehen wir, wo wir anpacken müssen und was zu tun ist, damit uns der Erfolg sicher ist.

Konzentration ist eine Übung: Durch äußerste Konzentration erlangen wir auch Selbstvertrauen, da in uns neue und gewaltige Kräfte erwachen.

Unser Gedächtnis nimmt an Stärke zu, und unser Bewusstsein erweitert sich, weil die frühere Zerstreutheit und Gedankenlosigkeit, die unsere Gedächtnisschwäche verursachte, verschwunden sind.«

Richtiges Beten durch Konzentration auf die allmächtige Kraft in uns

»Wir müssen uns bewusst werden, dass in uns das ewige Licht brennt.
Gott, der ewige Geist, steht uns entscheidend bei, wenn wir uns sammeln und nach innen wenden, wenn wir uns willig dieser inneren Kraft zuwenden und uns mit Ihr verbinden. Sie vermag alles in uns und durch uns.

Dazu gehört das rechte Beten, das Beten ohne Unterlass.
Das bedeutet:
Alles aus dem ewigen Gesetz heraus zu tun.

Es bedeutet nichts anderes, als uns auf einen Punkt zu konzentrieren, auf Gott, die allmächtige Kraft; dann werden wir auch empfangen.

Die Voraussetzung ist die Liebe zu den Menschen.
Eine kleine Liebe zu den Menschen ist auch eine kleine Liebe zu Gott.
Ein Gebet ist nur wirksam, wenn wir an Gott glauben, Ihn lieben und unseren Nächsten lieben wie uns selbst.
Ein gedankenloses Hinplappern von Unverstandenem und Unerlebtem ist kein Gebet.
Richtig, inbrünstig beten können wir auch nur durch Konzentration, indem wir unsere ganze Aufmerksamkeit nach innen, zu dem zentralen Licht lenken, das die Energie der Unendlichkeit ist und in uns die Energie für Seele und Leib.

Innere Sammlung ist eine Voraussetzung des Herzensgebetes, in dem wir in unserem Inneren beten und dadurch mit der allmächtigen Kraft in Verbindung treten. Sie wartet nur darauf, bis wir zu ihr kommen und uns von ihr inspirieren und führen lassen.

Beten soll immer der Ausdruck einer lebendigen Liebe sein zu der Kraft, die unerschöpflich ist und die in uns wirksam ist. Dann wird sie in unserer Seele und auch in unserem Leibe Realität und wirkt.
Sie arbeitet für den, der mit Gott lebt.

Die Konzentration auf das Göttliche, indem wir göttlich denken und leben, bewirkt das Fließen dieser heiligen Kräfte in uns und durch uns.«

Göttliche Weisheit (1)

Wir sind in Gott,
und Gott lebt durch uns

»Das bedeutet: Mit Gott lebt es sich leichter, denn Gott ist für uns da.
Er möchte durch uns wirksam werden.
Was Gott in die Hand nimmt, das gelingt.
Reichen wir Ihm unsere Hände, und bitten wir Ihn, Er möge durch uns denken und wirken, dann leben wir in Ihm, und Gott lebt durch uns - und mit Gott lebt es sich leichter.«

Gott ist Stille:
Er redet, wenn wir schweigen

»Der geistige Mensch weiß: Wer sich gleich nach dem Erwachen in die Allmacht des Göttlichen versenkt, der empfängt vermehrt Kräfte und kann den ganzen Tag hindurch beschwingt und ausgewogen sein.
Der Weg der Selbsterkenntnis und Verwirklichung führt zu dem Leben mit Gott.
Eine richtige Ausrichtung auf das Innere Leben bewirkt Sicherheit und Entspannung und bringt eine tiefe Konzentration und inneren Frieden.

Wir benötigen die innere Stille, damit Gott durch uns wirken kann, denn Gott ist Stille.

Wollen wir göttliche Inspiration, wollen wir also, dass Gott, die Energie der Unendlichkeit, durch uns wirkt, dann müssen wir uns in den Strom göttlicher Liebe und Weisheit begeben, um empfangen zu können.

Wir müssen das Gebot der „Tempelordnung" befolgen: Werde stille und trete vor das Allerheiligste, das in dir ist. Bete, richte dich auf Gott aus, konzentriere dich. Lebe mit Gott in dir, und Er wird durch dich leben.

Wer erkannt hat, dass der Mensch der Tempel des Heiligen Geistes ist, der wird fortan mit Gott leben und erfahren: Mit Gott lebt es sich leichter.
Darum sind Stilleübungen die Basis für unseren geistigen Fortschritt.

Alles, was wir tun, was wir denken und fühlen oder was wir reden, soll von dem Sehnen durchdrungen sein, mit der Quelle des Lebens in Harmonie zu gelangen.
Üben Sie, gehen Sie in die Stille.
Sie werden erleben, dass Kräfte über Kräfte kommen, denn in uns ist der unaufhörlich sprudelnde Quell lebendigen Lebens.«

Der Schlüssel zu dem inneren Quell ist allein die tiefe Stille

»Stille ist Schweigen in Empfindungen, Gedanken und Worten. Stille bringt die Harmonisierung des gesamten Organismus mit sich.
Stille heißt: Ich lasse in mir keine negativen Gefühle und Regungen aufkommen und mein Inneres nicht von Gedankenwellen durchziehen.
Stille werden heißt auch, weniger reden und im täglichen Leben das Gebot des Schweigens beachten.«

Spreche nur Wesentliches aus

»Überlegen Sie vorher, was Sie reden wollen; dann sparen Sie Energie und schöpfen aus der Quelle nie versiegenden Lebens.
Worte verschwenden bedeutet Schwächung. Der Weise redet oder belehrt seine Mitmenschen erst, wenn er auf dem Pfad zum Leben selbst Erfahrungen gesammelt hat.
Dämmen Sie Ihre Redelust auf die Hälfte ein:
Sie werden umso größere suggestive Kraft erlangen.

Im tiefen Schweigen beginnt Gott, in uns zu reden und durch uns zu wirken. Solange wir reden, schweigt Gott.
Wenn wir aber schweigen, das heißt auch, wenn wir unser Leben selbstlos gestalten, dann redet und handelt Gott durch uns.
Im Schweigen, das heißt, wenn wir auch das Gegensätzliche überwunden haben, stirbt in uns das Erdenverlangen.

Im Schweigen finden wir schließlich zu uns selbst.

Wer zu seinem wahren Selbst findet, der erlebt in sich die ewige Wahrheit. Er hat Gott in sich gefunden und fühlt sich in Ihm geborgen.«

Auf den Weg nach Innen lernen wir, dass das Ziel wichtig ist

»Ob wir arbeiten, reden, lesen, einerlei was wir tun:
Was auch immer wir im Augenblick tun, dem sollen wir uns voll und ganz hingeben.
Diese bewusste Zielsetzung ist der erste Anstoß auf dem Weg zur Vollendung und bringt dem Menschen stählerne Spannkraft, Elastizität, Harmonie und die Strahlkraft inneren Friedens.

Das Leben ist zu kurz und der Augenblick zu kostbar, um unsere Kraft mit negativen Gedanken zu vergeuden. Es liegt an jedem selbst, was er aus seinem Leben macht: Ein intellektuelles Waisenhaus, worin er im Laufe der Zeit verwaist und stagniert oder eine fortschreitende Offenbarung göttlicher Fülle.

Das Erdenleben ist jedem von uns gegeben, damit wir uns darin höher entwickeln. Dieser Prozess geschieht nicht von heute auf morgen: Es ist ein langsamer Lernprozess und führt durch die stetige Ausrichtung auf das Göttliche, oft fast unmerklich, zu einer Umgestaltung und Neuorientierung des Menschen.

Wer am inneren, wahrhaftigen Leben teilhaben möchte, wer mit Gott leben möchte, muss von allen irdischen Wünschen und Vorstellungen leer werden.
Wer in Gott lebt und Gott in ihm, der ist daheim, verschmolzen mit der Ewigkeit. Er lebt fortan mit Gott.

Wenn wir an die Worte glauben: „Das Reich Gottes ist inwendig in euch", so erlangen wir die Gewissheit, dass nicht äußere Dinge selig machen, sondern allein die Hinwendung an Gott, an die ewige Kraft, mit der es sich leben lässt.«

Göttliche Weisheit (1)

Jeder muss den Weg zu Gott zurückgehen

»Wer in Harmonie lebt, der lebt mit Gott.
Wer in Gott lebt, der hat die innere Fülle erschlossen und schöpft fortan aus dem Inneren Leben.
Er ist nicht mehr an äußere Dinge, an Vorstellungen und Meinungen gebunden, er ist frei.
Er legt keinen Wert darauf, was Menschen von ihm halten, über ihn sprechen, von ihm denken.
Er lebt in Gott und erfüllt die Gesetze.
Somit ist er erfüllt von der Allmacht des Lebendigen.

Solange wir noch von den Meinungen und Vorstellungen unserer Mitmenschen abhängig sind, solange wir noch großen Wert darauf legen, ob wir von unserem Nächsten geachtet und angesehen werden, ob auf uns wohlwollend und zustimmend geblickt wird, sind wir nur bestrebt, unser kleines einengendes menschliches Ich auf den Thron dieser Welt zu setzen.
Haben wir es überwunden und leben wir mit Gott, der allmächtigen Kraft, von innen heraus, dann leben wir in der Fülle.
Es leben noch nicht viele Menschen in der Fülle göttlichen Lebens, sondern sie leben in ihrer eigenen Begrenzung und Blindheit.
Doch einerlei, wie viele Erdenleben der Mensch im Schatten des Diesseits dahinvegetiert: In ihm ist das ewig lebende Sein, das ihn beständig ruft. Für jeden kommt eines Tages die Stunde, da er den Ruf vernimmt und die Erkenntnis erlangt, dass er selbst dazu beitragen muss, damit er wieder zum göttlichen Ursprung gelangt.

Propheten, Mystiker, Seher, Erleuchtete und Weise aller Zeiten gingen den Weg hinan zum Göttlichen.
Ein jeder von uns wird ihn einst gehen.«

Gottmenschen werden

»Wir müssen uns dem göttlichen Strom öffnen und uns zu Gottmenschen emporheben. Der Mensch öffnet sich für die göttliche Kraft, indem er seine Empfindungen, Gedanken, Worte, seine Werke, Gesten und Neigungen veredelt, um so in den Rhythmus göttlicher Harmonie zu gelangen. Gottmenschen sehen das Ziel vor sich: Den Ursprung der Quelle, vor der sie stehen um dann ganz einzutauchen in das göttliche, ewige Sein.

Der Gottmensch ist gütig und strömt Liebe aus. Seine Gedanken sind Lichtgedanken und kennen keine Einschränkung. Er lebt in der Einheit mit den Naturreichen, und die Tiere und Pflanzen dienen ihm.

Einem Gottmenschen kann kein anderer Schranken setzen, da er nur auf die einzige Quelle blickt, auf Gott. Er kann sich höchstens selbst eine Schranke setzen, wenn er für kurze Zeit die Kontrolle über sich selbst verliert und damit die bewusste Verbindung zum göttlichen Strom unterbricht.
Viele Menschen sprechen von Gott und haben das Göttliche noch nie selbst erfahren. Viel geistiges Wissen ist in der Welt, doch wenig Weisheit.
Die Unwissenheit ist ein gefährlicher Faktor, die den Großteil der Menschheit an Ketten legt und Schranken setzt.
Die Kurzsichtigkeit herrscht in allen Lebensbereichen.
Wenn wir aber zur Erkenntnis gelangt sind, dass wir tatsächlich Kinder des Allmächtigen sind, die alle Kräfte des Lebens in sich bergen, dann erwacht in uns ein höheres Maß an Geistigkeit, dann gelingt es uns zunehmend mehr, uns dem göttlichen Strom zu öffnen, um uns zum Gottmenschen emporzuheben.«

Göttliche Weisheit (1)(3)

Teil VII

Die besten Methoden zur Gedankenkontrolle

Gedankenkontrolle
Eine Bereicherung für unser Leben

Statt zerstreut zu denken, können wir beginnen, unsere Gedanken zu kontrollieren und die positiven Gedanken-Energien zu bündeln, so dass sie uns und anderen Menschen besser dienen. Die Frage ist, wie schaffe ich es, meine Gedanken zu kontrollieren?

»Ändere deine Gedanken, und dein Leben ändert sich.
Denn der Stress sitzt in deinem Kopf.«

Das Erlernen ruhiger zu werden

Wir Menschen sind oft zu negativ gepolt. Unsere Gedankenwelt ist ziemlich chaotisch und es herrscht oftmals Unordnung in unserem Gehirn. Die Gedanken springen ständig zwischen verschiedenen Themen hin und her und lösen eine Reihe verschiedener Stimmungen aus.
Der Körper spiegelt dies durch flache und kurze Atmung, innere Unruhe, Nervosität, Stress, Hektik, disharmonische Bewegungen bis zu Fehlfunktionen der Organe und Krankheiten wider.

Wir sind oft außerhalb von uns und dadurch nicht zentriert. Dies führt uns in eine Bewusstseinsenge, die unfrei und blind macht.
Wenn wir lernen wollen, ruhiger zu werden, dann sollten wir lernen, zentriert in uns zu sein und die Gedankenkontrolle lernen.

Wie werde ich negative Gedanken los?

Um die Gedanken zu kontrollieren müssen wir üben weniger, langsamer, gezielter und positiver zu denken.
Im Buch wird jeder der folgenden Punkte ausführlich erklärt. Was folgt ist nur eine Zusammenfassung:

- Sich an eine langsame, lange und bewusste **Atmung** gewöhnen. Das kann uns helfen, dass die Gedankenvorgänge im Gehirn langsamer ablaufen. So öffnen wir uns auch für Impulse aus unserer Seele und unserem geistigen Bewusstsein.

- Ein weiterer Schritt ist, **lernen** zu **unterscheiden**, was positive und negative Gedanken und Worte sind und die letzteren stoppen und nicht mehr nähren.

- **Einheit** anstreben: Gedanken, die uns von Menschen trennen, meiden.
  Nicht richten und urteilen, Vorurteile gegenüber anderen abbauen, denn all das trennt.
  Sich immer daran erinnern, dass Gedanken und Worte Energien sind und das alles, was wir senden, auf uns zurückkommt.

- **Vergangenheit** Schritt für Schritt in Ordnung bringen, Versöhnung anstreben, vergeben und um Vergebung bitten, bringt Ruhe in unser Inneres und unser Gehirn.
  Wenn wir ständig in der Vergangenheit leben oder sie immer wieder in Gedanken herholen, kann dies zu Stagnation im Leben führen. Die Vergangenheit können wir nicht mehr ändern. Wichtig ist, das zu bearbeiten, was möglich ist und sie dann in Gedanken ruhen lassen.

- **Achtsamkeit**: Bewusstes Leben - Achte auf deine Gedanken, Worte und Handlungen. Hinterfrage und analysiere dein Denken, Reden und Handeln. Toleranz und Verständnis für jeden Menschen entfalten. Lernen, sich in andere hinein zu empfinden und nicht alles aus der Ego-Perspektive oder „eigenen Brille unserer Vorstellungswelt" zu betrachten.
- **Lösungsorientiert denken:** Wichtig ist, sich nicht auf das Problem zu konzentrieren, sondern auf die Lösung.
- Um **innere Klarheit** ringen: Was will ich? Ich weiß, was ich will. Ich habe klare Ziele und Visionen.
- Das **Gehirn trainieren**: Sich ein „Neues geistiges Programm" erarbeiten und innere Werte entfalten.
- **Fokussieren**: Lernen, die Gedanken in eine Richtung zu lenken, ihnen einen Fokus, ein Ziel geben, so wie viele Sportler, z.B. Formel-1-Rennfahrer, die hochkonzentriert schnell fahren.
- Auf **Ordnung** und **Sauberkeit** in unserer Umgebung, am Arbeitsplatz, in der Wohnung und im Auto achten, denn das hat einen Einfluss auf unseren Gemütszustand und unsere Gedankenwelt.
- **Fokus** auf **Gott**, Universum, Schöpferkraft: Gott als Fokus der Gedanken haben. Sich mit Ihm unterhalten, wie mit einem unsichtbaren Freund oder Vater. Tagebuch, Briefe, Dialog, Gespräche mit GOTT oder mit CHRISTUS führen: Sich mit Ihm in Gedanken, Worten oder Schrift verbinden.
  Täglich das Bewusstsein üben, »Gott ist gegenwärtig«: In uns und in allem, was uns umgibt. So baut man eine lebendige Beziehung zu Gott, der Schöpferkraft, auf.
- Kopf und Seele mit **Tagebuch** entlasten.

Kopf und Seele mit Tagebuch entlasten

Dr. James Pennebaker, Professor für Psychologie an der Southern Methodist University, berichtete bei der Jahrestagung der American Psychological Association, dass Menschen, die ihre traumatischen Erfahrungen in Tagebüchern, Aufzeichnungen oder Briefen festhalten, seltener zum Arzt gehen und sich insgesamt einer besseren Gesundheit erfreuen.

Wir leben in einer Zeit, wo wir Menschen zu sehr im Kopf sind, unstrukturiert und zu schnell denken. Um mehr Klarheit im Leben zu finden, kann uns ein Tagebuch, Laptop oder Computer als Begleiter helfen.

Wenn wir über Themen, Sorgen oder Probleme nachdenken, gibt es keinen Anfang und kein Ende. Es besteht die Gefahr, dass man immer in denselben Gedankenmustern kreist, oder sich von seinen Emotionen beeinflussen lässt.
Anders ist es, wenn wir es auf Papier oder im PC aufschreiben. Die Gewohnheit im Tagebuch-PC oder auf Papier zu denken, hilft die Gedanken zu organisieren und geordneter nachzudenken.
Durch das Aufschreiben seiner Gedanken konzentriert man sich auf das Wesentliche und ist gezwungen, geordneter zu denken.
Der Text gibt eine Struktur, die sich auf das Denken überträgt und hilft, dass Ruhe im Kopf eintritt.

Falls ich eine wichtige Entscheidung treffen muss, kann man eine Tabelle mit mehreren Spalten anlegen, in der man die Vor- und Nachteile der verschiedenen Möglichkeiten auflistet, z.B. bei der Wohnungssuche, Autokauf oder betrieblichen Entscheidungen.

Das Aufschreiben hilft und befreit uns von Problemen, so dass wir uns nicht mehr auf die negativen Dinge konzentrieren. Man kann statt an Probleme, an Lösungen denken und sie notieren. Wenn ein Plan A nicht funktioniert, dann haben wir Plan B oder C.
Wer sich nicht traut, ein Tagebuch zu führen, aus Angst „jemand könnte es lesen", kann Abkürzungen oder einen Code (Worte, deren Bedeutung nur er kennt), verwenden.
Was wir in den vergangenen Tagen geschrieben haben, brauchen wir nicht mehr zu lesen. Besser finde ich, wenn man sich auf seine hohen Ziele konzentriert und diese immer wieder liest und bejaht. So werden sie mit Gedanken-Energien geladen, bilden einen Magneten, der anzieht, was wir geplant haben.
Das Aufschreiben und analysieren befreit uns von Sorgen, Ängsten, innerer Unruhe und Anspannung und Kopf und Seele werden dadurch entlastet. Der so geschaffene Abstand zum Problem oder zur Krankheit, lässt uns die Lösung leichter finden.

Ich empfehle, den Film „Briefe an Gott" sich anzuschauen. Eine wahre Geschichte über ein Kind, das an Krebs leidet; wie es seine Themen schriftlich verarbeitet; wie es trotzdem seinen Frohsinn behält; und wie es durch seine innige Beziehung zu Gott, vielen Menschen hilft, sich zum Positiven zu verändern.

Wir müssen keinen „Roman" schreiben.
Es genügt, wenn wir das Wesentliche notieren:

- Sorgen, Probleme, Ängste - alles, was uns belastet.
- Was das Positive einer Situation oder Schwierigkeit ist.
- Was wir aus Schwierigkeiten u. Fehlern lernen konnten.
- Positive Erlebnisse des Tages, was uns gefreut hat.
- Was wir erkannt haben und besser machen können.
- Ziele, die wir uns vornehmen.

Wir können auch Gedanken „von der Seele" schreiben - einen Dialog oder Gespräch mit Gott oder mit Christus führen, wie mit einem unsichtbaren Vater oder Freund. Das macht das Schreiben im Tagebuch viel lebendiger.

Wer sich abends so frei schreibt, kann besser schlafen, und in vielen Fällen zeigt sich in den nächsten Tagen spontan eine Lösung.

»Tagebuch schreiben kann uns helfen,
Konzentration, Klarheit, Entspannung
und innere Ruhe zu gewinnen.«

Frei werden von Stress

Im Berufsleben herrschen immer mehr Stress, Leistungsdruck, Kontrolle, Konkurrenzkampf und finanzielle Sorgen oder Ängste. Andere haben Stress durch Krankheit und ungesunde Lebens- und Ernährungsweise.
Auch in der Familie, Ehe und Partnerschaft gibt es genügend Situationen, die uns stressen.
Vielen Menschen fehlen die notwendigen Lebenswerkzeuge, um die „selbstgemachten" Probleme und Hindernisse des Lebens zu verstehen und zu bewältigen.

Stress ist oft selbst gemacht durch ein rein materialistisches Leben, geistige Blindheit, durch Missachtung der geistigen Gesetze und durch das fern von Gott Leben.

Stress hat man auch, durch Mangel an Ethik und Moral oder durch die fehlende Gedankenkontrolle: Im Gehirn herrscht Gedanken-Kino mit Sorgen, Problemen, Ängsten, Ichbezogenheit, materiellen Wünschen, primitiver Sexualität, Streit, Feinseligkeit uvm.

Stressfrei durch ein Inneres Leben

- Achtsamkeit, Selbsterkenntnis.
- Ein Leben nach dem Gesetz der Liebe.
- Dankbarkeit.
- Veredelung der Sinne.
- Die Entfaltung innerer Werte und gelebte Spiritualität.
- Gedankenkontrolle.
- Friedfertigkeit; in Friede mit anderen Menschen leben; Versöhnung, Vergeben und um Vergebung bitten.
- Hingabe an Gott; bestrebt sein Gottes Wille zu erfüllen; zulassen, dass Gott durch uns wirkt.

Gedankenkontrolle durch Meditatives Wandern

Unsere moderne Gesellschaft verliert immer mehr die Beziehung zur Natur.
Durch das täglich Fernsehen, Filme, Sport und Werbung schauen, werden viele Menschen abgestumpft. Das Gehirn verkümmert auch, wenn man sich mit Musik, Computerspielen, Internet, Pornografie uvm. gehen lässt.
Man bekommt eine negative Programmierung oder Gehirnwäsche, wenn wir unser Gehirn mit disharmonischen Klängen, Bildern, Eindrücken und Reizen der Unterhaltungsindustrie vollstopfen. Und so bleibt der Mensch immer mehr materiebezogen in einer Bewusstseinsenge.

Laufen ist gut fürs Gehirn

Phillip Tomporowski, Sportphysiologe an der University of Georgia, wertete 43 Studien über den Zusammenhang zwischen sportlichem Training und geistiger Leistungsfähigkeit aus, mit dem Ergebnis: Menschen die wandern, laufen oder spazieren gehen, sind fitter, konzentrierter, kreativer und treffen bessere Entscheidungen.

Bewegung hat eine positive Wirkung auf unseren Gemütszustand und laufen macht nicht nur glücklicher, sondern auch klüger, verbessert die Fähigkeit zu denken, Probleme zu lösen und kreative Ideen zu entwickeln.

Körperliche Aktivität normalisiert nicht nur die biochemischen Kreisläufe und Körperfunktionen, sondern lässt in Organen und Geweben neue Zellen heranwachsen:
Der Körper macht selbst eine Stammzelltherapie!

Andere Studien zeigen, dass Bewegung in der Natur vielen Krankheitsbildern positiv entgegenwirkt:

- Herz- und Kreislaufproblemen.
- Bluthochdruck und erhöhte Cholesterinwerte.
- Krebs und Tumorerkrankungen,
- Stärkung des Immunsystems.
- Depressionen, Burnout, Parkinson, Demenz, Alzheimer, Epilepsie und psychische Krankheiten.
- Diabetes, zur Normalisierung der Blutzuckerwerte und Reduktion von Komplikationen.
- Kopfschmerzen, Migräne, Rückenschmerzen, Übergewicht.
- Schmerzen reduzieren, durch die vermehrte Produktion von Endorphinen, Glückshormonen.

Gesteigerte Kreativität und Konzentrationsfähigkeit

Der US-Schriftsteller Henry James verriet über seinen Roman „Prinzessin Casamassima": „Die Eingebungen zu der Geschichte kamen mir bei meinen regelmäßigen Spaziergängen durch die Straßen Londons." Auch der Dichter Henry David Thoreau war ein freudiger Spaziergänger und sein literarisches Werk ist eindeutig von seinen täglichen Streifzügen durch die Natur beeinflusst.

Er sagte über das Wandern: „Meine schriftstellerische Tätigkeit litt darunter, dass ich tagelang auf meine gewohnte Bewegung verzichtete."

Viele Manager und Künstler empfangen die besten Ideen während des Laufens. Die preisgekrönte Schriftstellerin Joyce Carol Oates läuft täglich auf Waldwegen in der Umgebung ihres Hauses in Princeton, New Jersey, und sagt:

„Praktisch alles, was ich je geschrieben habe, ist mir beim Laufen eingefallen. Ich male mir beim Training verschiedene Szenen bis in alle Einzelheiten aus, und wenn ich dann wieder zu Hause am Schreibtisch sitze, versuche ich sie so detailliert wie möglich zu Papier zu bringen."
Durch tägliche Spaziergänge und Wandern bekommen wir Impulse, Ideen und Inspiration für das Leben und für unseren Job.

Die Natur „mit anderen Augen" erleben

Intuitiv spüren viele Menschen, wie wichtig die Natur für die Gesundheit ist.
Den Kontakt mit der Natur pflegen, übt eine positive Wirkung auf den Menschen aus: Spazierengehen im Wald, am Strand, Schwimmen im Meer oder Wandern im Gebirge.
In der Natur zu sein und sie mit allen Sinnen zu erleben, die Geräusche, die Gerüche, die Aussicht in die Weite, mindert Stress, lindert Depressionen, lässt Spannungen abbauen. Außerdem hilf es uns auch, uns fürsorglicher und weniger aggressiv zu verhalten und besser mit Problemen umzugehen.

Die Musik der Natur hören

Beim Wandern oder Spaziergehen kann man bewusst der Musik der Natur lauschen oder sie fühlen, z.B. Vogelgesang, den Wind, den Regen, die Geräusche der Bäume und Pflanzen, oder des Wassers - Fluss, Wasserfall, Meer, Strand.

Anthropologen der Uni Aberdeen haben in einer groß angelegten Studie festgestellt, dass der Gesang der Vögel unseren Körper Gute-Laune-Hormone ausschütten lässt und ihn gleichzeitig beruhigt.

Vogelgesang beeinflusst uns exakt so wie Musik. Er hilft uns, glücklich zu sein, hat Zugriff auf unsere Gefühle, sogar auf unsere Selbstheilungskräfte. So berichteten ehemalige Krebspatienten, eine singende Amsel vor dem Krankenhausfenster habe sie zum Durchhalten motiviert.

Forscher untersuchten auch die Physiologie der menschlichen Sinne.
Ergebnis: Der Gesang schöner Vögel berührt uns noch viel intensiver als ihr Anblick.
Der Anthropologe Andrew Whitehouse, der diese Studie durchgeführt hat, sagte dazu: „In einer immer lauter werdenden Welt voll menschlicher und technischer Geräusche gibt uns der Gesang der Vögel ein tiefes Gefühl für Beständigkeit und Harmonie - und erinnert uns daran, dass unsere Erde auch Heimat ist für andere Lebewesen, die den Wunsch haben, gehört zu werden.‟

Die Ruhe der Natur aufnehmen

Allein das sich Aufhalten oder durch die Natur gehen, vermittelt uns Ruhe. Alles können wir bewusst aufnehmen durch die stille Betrachtung. Anschließend können wir zulassen und es praktisch erfahren, dass diese Kräfte der Harmonie, Ruhe, Stille der Natur uns durchdringen.

Um sich besser verinnerlichen zu können, ist zu empfehlen, allein zu wandern oder mit der begleitenden Person wenig zu sprechen. Um die Gedankenruhe anzustreben, ein kleines Heft mitnehmen, um positive Ideen oder Erkenntnisse über störende Gedanken zu notieren.

Die Heilkräfte der Natur „aufnehmen“

Wir können mit der Atmung die Heilkräfte der Natur aufnehmen. Diese Odkräfte aus dem Kosmos sind sehr aktiv am frühen Morgen. Sie haften verstärkt an Bäumen, vor allem an Nadelbäumen, aber auch am Gras, den Blumen und Kräutern in den Wiesen, an Sträuchern.
Die Odkräfte - Ätherkräfte - haben eine Heilwirkung sowohl für den Körper als auch für die Seele.

Die heilenden Ätherkräfte der Natur können wir wie folgt aufnehmen: Wir stellen uns beim Einatmen vor, dass wir die Ätherkräfte der Natur in uns aufnehmen, beim Ausatmen senden wir dann, ebenfalls in unserer Vorstellung, aus unserem Herzen der Pflanzenwelt mit Dankbarkeit und Liebe einen Wärmestrahl zu.

Bäume, Blumen, alle Pflanzen freuen sich, wenn wir sie achten und schätzen. Sie senden uns feine Ströme der Liebe zu, und manchmal beginnen sie, aus Freude und als Begrüßung, sich sanft zu bewegen.
Eine „gebende Haltung“ in der Natur einzunehmen, vermittelt uns das Gefühl der Einheit mit allen Lebensformen.

»Die Natur ist Inspirationsquelle und schenkt uns Ruhe, Entspannung, Intuition, Heilkräfte und Liebe.«

Intuitiver werden

Der Weg der geistigen Evolution beinhaltet u.a. die Bewusstseinserweiterung. Meditatives Wandern und Spaziergänge in der Natur helfen uns dabei.
Meditatives Wandern bedeutet, sich als einen Teil der Natur zu fühlen und die Gott- und Naturverbundenheit zu üben.

Die Natur hilft uns, ruhiger zu werden und unsere Gedanken besser zu kontrollieren: In der Stille und in der Ruhe können wir die Impulse von Gott besser wahrnehmen.

Die All-Einheit trainieren

Sinn des Lebens ist, u.a. die All-Einheit mit allen Menschen, Tieren, Pflanzen, Mineralien, mit der Schöpferkraft und dem Universum zu erlangen.

„Die Essenz der Pflanzen ist ein Teil von mir."
„Die Essenz der Steine ist ein Teil von mir."
„Die Essenz der Tiere ist ein Teil von mir."

Die Tiere tragen den Frieden in sich. Eine Freundschaft und Herzensverbindung mit Tieren vermittelt uns inneren Frieden und Freude. Es ist eine Sehnsucht unserer Seele. Wir können uns mit den Tieren verbinden, oder mit sanften gesprochenen Worten sie begrüßen und sie als unsere Geschwister sehen.
Ein gutes Vorbild für diese Gott- und Naturverbundenheit war der Mystiker und Vegetarier Franz von Assisi (1181-1226):

»Unsere bescheidenen Brüder nicht zu verletzen, ist unsere erste Pflicht ihnen gegenüber. Dies reicht aber nicht aus. Wir haben eine höhere Mission – ihnen zu dienen, wann immer sie es benötigen.«

»Alle Geschöpfe der Erde fühlen wie wir, alle Geschöpfe der Erde streben nach Glück wie wir, alle Geschöpfe der Erde lieben, leiden und sterben wie wir, also sind sie uns gleichgestellte Werke des allmächtigen Schöpfers.«

»Gott wünscht, dass wir den Tieren beistehen, wenn sie der Hilfe bedürfen.«

Segnen heilt = Liebe senden

Meditatives Wandern ist auch eine gebende Tätigkeit: Mit dem Herzchakra, dem 4. Bewusstseinszentrum oder Christuszentrum, beim Ausatmen uns öfters vorstellen, dass ein Wärmestrahl von uns zu anderen Menschen und Lebensformen fließt. Das ist segnen oder Liebe senden.

»Mit einer bewussten und tiefen Atmung,
verbinden wir uns mit der Schöpferkraft
und dem Rhythmus des Universums.«

»Meditatives Wandern, bedeutet,
sich in Liebe mit allen Lebensformen verbinden.«

Dankbarkeit

Ähnlich wie viele Naturvölker, können wir uns in Dankbarkeit mit der Mutter Erde verbinden: Sie ist durch die Pflanzenwelt, unsere Ernährerin.
Wir können Dankbarkeitswanderungen machen, um für alles zu danken, Gottverbundenheit üben in dem Bewusstsein, Gott ist allgegenwärtig: Gott, die Kraft der Liebe, das Leben, ist in uns und in allem.

Ein Dialog mit Gott

Wir können uns mit der Schöpferkraft - dem Leben, Gott - verbinden, die uns ein Gefühl der Einheit mit dem Universum spüren lässt.
Wir können während eines Spaziergangs oder Meditativen Wanderns „Gespräche mit Gott“ in Gedanken oder mit gesprochenen Worten führen.
Wie mit einem unsichtbaren Freund oder Vater, mit dem wir alles besprechen können. Was uns belastet dürfen wir Ihm übergeben und um Seine Führung bitten.

Wir können auch mehrmals die Hingabe an Gott, in Gedanken oder in gesprochenen Worten üben.
Das ist eine Bereicherung für den Aufenthalt in der Natur, denn sie weckt feine Gefühle des Glücks, Einheit und Geborgenheit.

Gotteserfahrungen

Viele Menschen beten zu Gott, aber trotzdem ist für sie Gott etwas Abstraktes und Fernes.
Gotteserfahrungen sind nichts Magisches oder Gewaltiges. Es können feine „Begegnungen" in der Natur und im täglichen Leben sein.
Wenn man sich mit offenen oder mit geschlossenen Augen in der Natur mit Gott verbindet, kann es vorkommen, dass sich plötzlich ein Tier, z.B. ein Fuchs oder ein Eichhörnchen nähert, in wenigen Metern Entfernung stehen bleibt und uns ohne Angst betrachtet.

Es kann auch eine Gotteserfahrung sein, wenn sich uns ein Vogel plötzlich nähert und laut zu singen beginnt, oder wenn uns ein Vogel auf einer kurzen Wanderstrecke mit lebensfrohem Gesang begleitet.
Man hat das Gefühl, dass dies kein Zufall war.
Eine höhere Macht - Gott, die Schöpferkraft - hat uns durch diese Begegnungen berührt.

Man kann auch Gotteserfahrungen erleben durch eine bewusste Wahrnehmung der Musik der Natur, durch ihre Elemente:
Eine sanfte Brise, die unser Gesicht berührt, die Melodie des Windes, das Musikspiel der Blätter, der Bäume, die Musik von Regentropfen, eines Wasserfalls, eines Flusses, von Wellen am Meer uvm.

Gott - die Schöpferkraft, der Geist der Liebe - kann uns nicht nur durch die „Musik der Natur" berühren, sondern auch durch die Stille, die Ruhe, die Harmonie, die uns eine bewusste Wahrnehmung einer Stimmung der Natur vermittelt, z.B. eine schöne Landschaft, eine Wiese, ein Wald, ein Berg, Wolken, ein See, einen Regenbogen, ein Sonnenauf- bzw. -untergang, ein Sternenhimmel, die Farben und Formen der Natur uvm.

Nicht nur in der Natur können wir Gotteserfahrungen machen, sondern in allem, was wir täglich erleben, z.B. durch ein gutes, schmackhaftes Essen, eine warme Dusche, eine entspannte Autofahrt, eine schöne Musik, einen Telefonanruf oder ein Gespräch, die uns helfen, die Lösung eines Problems zu finden.
Durch einfache Erlebnisse des Tages, wenn wir sie bewusst wahrnehmen, erleben wir „Gotteserfahrungen“:

- Bäume oder Pflanzen, die uns zu „begrüßen“ scheinen; Blätter, die sich zu bewegen beginnen, wenn wir an ihnen vorbei gehen.
- Wolken, die sich „öffnen“ und die Sonnenstrahlen hindurch leuchten lassen.
- Ein Schmetterling, der ganz nahe an uns heran fliegt und evtl. auf unserer Hand landet.
- Eine Katze, ein Hund, ein Pferd, die ganz nahe an uns heran kommen und uns begrüßen.
- Die Freude über den Anblick seltener Tiere, z.B. Hirsche, Wildschweine, Schlangen, Lichtkäfer, Fische im Wasser.
- Der Mond, der den Waldweg in der Nacht beleuchtet.
- Die Sterne, die uns ein Gefühl der Weite geben.

»Lass dein Herz beständig Liebe ausstrahlen,
dann bist du mit Mir verbunden,
mit dem, der Ich Bin in allen Lebensformen,
der Geist deines Vaters.«

Göttliche Weisheit (13)

Meditation bedeutet „bewusst leben" und sich mit GOTT verbinden

Meditation bedeutet bewusstes Leben, Achtsamkeit im täglichen Leben, gegenwärtig leben, jeden Tages wachsam in jeder Situation und über sich selbst sein.
Meditation bedeutet auch, Gedankenruhe anstreben und sich mit dem Licht, mit Gott, zu verbinden.

Unser Gehirn hat große Areale, die für die Kommunikation mit dem Göttlichen geplant sind.
Diese Gehirnareale lassen sich trainieren, durch Meditation, inniges Gebet, Dankbarkeit, Achtsamkeit, bestrebt sein, nach dem Gesetz der selbstlosen Liebe zu leben oder indem wir einfach Gott - die Schöpferkraft - mehr in unser Leben einbeziehen.
Es liegt in unseren Händen, ob wir diese Gehirnareale aktivieren möchten oder brach liegen lassen wollen.
Für die Zukunft wird es von großer Wichtigkeit sein, dass wir diese Gehirnareale trainiert haben, denn so können wir besser von innen her geführt werden.

Intuition hat mehr mit der wahren Intelligenz zu tun, der Weisheit der Seele, die jeder von uns besitzt.
Einen sechsten Sinn, eine Intuition hat jeder Mensch. Aber oft ist er gestört durch seelische Belastungen, negative Gefühle und Gedanken, wie z.B. materielle Wünsche, Intellekt, Gier, Hass, Aggression, Streit, Groll, Ängste, Probleme, Sorgen.

Intuition trainiert man durch eine bewusste Verbindung mit Gott im täglichen Leben.

Gedankenkontrolle durch Liebe senden

In dem Buch »Segnen heilt - Wie dein Segen die Welt verändert und dich selbst«, beschreibt der Autor, Pierre Pradervand, viele beeindruckende Beispiele aus aller Welt, über die Kraft des Segnens und Liebe senden.
Eine wahre Gesichte während des Bürgerkrieges in Ruanda, bei dem 800.000 Menschen ums Leben kamen, hat mich sehr beeindruckt.

Ein Familienvater berichtete über eine Gruppe von Soldaten, die in sein Haus einbrach und vorhatte, eine seiner Töchter zu töten. Er erlebte ein Wunder als er die Göttlichkeit in dieser Extremsituation affirmierte:

»Eines Nachts gegen zwei Uhr morgens mitten im Bürgerkrieg drang eine bewaffnete Bande in unser Haus ein.
Ich wachte auf und schaute nach, was los war.
Ich begegnete einer Gruppe von Soldaten im Flur.
Meine Waffen waren Wahrheit und Liebe.
Als sie drohend ihre Waffen auf mich richteten, kam mir ein blitzschneller Gedanke, der die Angst vertrieb, die mich zu überwältigen drohte:
„Liebe und Leben sind unzerstörbar und ewig. Ich bin der Ausdruck von Leben, von Gott, unzerstörbar und ewig in meinem Wesen!
Dieses ewige Leben ist das Leben dieser so genannten Killer, mein Leben und das meiner Familie."

Eine ganze Weile fuhr ich mit den spirituellen Affirmationen fort, die auf meiner festen Überzeugung beruhten, dass es spirituelle Gesetze gibt, die uns alle möglichen Situationen meistern lassen und uns durch die Macht der Liebe heilen.

In dramatischen Augenblicken schien die Tragödie unabwendbar. Als eine meiner Töchter anfing zu weinen, gab der Kopf der Bande einem anderen Soldaten den Befehl, sie zu töten.
Ohne ein einziges Wort auszusprechen bestätigte ich sofort, dass der Soldat ein vollkommenes Kind göttlicher Liebe war:
„Das Gesetz der Liebe, das hier besteht, lenkt diese Situation und regiert über alles und jeden."

Sofort hielt der Soldat inne, obwohl er schon sein Bajonett gezückt hatte, um die Brust des Mädchens zu durchbohren.

Jeder Moment dieser Prüfung war für mich kostbar!

Ich erlaubte mir nicht die geringste geistige Ablenkung, um das Problem aus einem materiellen Blickwinkel zu betrachten. Ich behielt die Gedanken ständig auf der Ebene der wahren spirituellen Realität.

Nachdem ich spirituell gearbeitet hatte, wurden die Soldaten ganz ruhig, als würden sie die Liebe spüren, die von mir ausging.
Ihr Anführer rief sie, und sie verließen das Haus.
Das gab mir Zeit, absolute Wahrheiten über den vollkommenen Menschen der göttlichen Schöpfung noch stärker zu bestätigen.
Als die Soldaten zurückkamen, waren sie wie umgewandelt. Sie waren neue Wesen. Sogar ihre Sprache war nun völlig anders.
Sie kamen unbewaffnet herein und waren freundlich.
Sie fingen an, die Verbrechen zu beichten, die sie begangen hatten. Sie blieben zwei Stunden in unserem Haus.

Niemand wurde Schaden zugefügt.
Alle blieben gesund und unversehrt.«

Dieses Beispiel zeigt, wie durch das Senden von Gedankenenergien der Liebe, sich Menschen zum Positiven verändern können.
Gemäß des Titels dieses Buches „Wie dein Segen die Welt verändert und dich selbst", erlebe ich es auch persönlich und viele Menschen auf der ganzer Welt.

Die sanfte Kunst des Segnens

Segnen bedeutet, sich vorstellen, dass aus uns ein Wärmestrahl der Liebe fließt.

Eine einfache Form Liebe zu senden ist, beim Ausatmen sich vorzustellen, dass ein Wärmestrahl der Liebe aus dem ganzen Körper oder mit dem Herzzentrum oder 4. Chakra - Christuszentrum - ausgesendet wird. Auch das 6. Bewusstseinszentrum - Zentrum der Liebe - an der Stirn eignet sich.

Wir senden Liebe, egal wo wir sind, zu allen Menschen, denen wir begegnen.

Wir segnen alles was wir tun, bei der Arbeit mit Maschinen, beim Briefe schreiben, bei Gesprächen, oder während des Autofahrens und Reisens.

Wir segnen die Natur, Tiere, Pflanzen und Mineralien.

Wir segnen die Politiker, Kunden, kranke Menschen oder unsere scheinbaren Feinde, mit denen wir Schwierigkeiten haben.

Die positiven Gedanken fliegen und wir können auch „telepathisch" Gebetsgedanken an leidende Menschen senden, die weit von uns entfernt sind.

Diese positiven Energien, die wir senden, ohne zu erwarten, dass sofort etwas passiert oder dass der Andere sich ändert, wirken auf seine Aura und sorgen dafür, dass sich ein Mensch irgendwann zum Positiven verändert.
Immer in der Haltung, dass nicht mein, sondern Gottes Wille, geschehen soll.

Wir üben das „in Liebe verbunden sein" mit allem, was uns umgibt.

Das aktive Segnen oder Liebe senden wird zu einer dauerhaften spirituellen Übung, die hilft, uns zu zentrieren, in unserem Inneren zu bleiben, im Augenblick, in der Gegenwart und im Jetzt zu leben.

Diese gebende Haltung des Segnens hilft uns, weg von uns zu denken und unser Ego zu verringern.
Wir bleiben im Gleichgewicht und in der Gegenwart. Dadurch lernen wir unsere Gedanken immer wieder auf die Liebe und das Göttliche zu lenken, was die wichtigste Basis für die Gedankenkontrolle ist.

Wenn wir das Segnen oder Liebe senden praktizieren, werden sich unsere Beziehungen zu anderen Menschen und zur Natur mit all ihren Lebensformen sehr zum Positiven verändern.
So tragen wir dazu bei, dass diese Welt besser wird.

Eine Voraussetzung, dass dieses Liebe senden funktioniert ist, dass wir diese Liebe in unserem Leben weitgehend verwirklichen, durch Achtsamkeit, Toleranz, Verständnis, Respekt, Geduld, Vergebung, Versöhnung, Friede, Einheit, Naturverbundenheit, Vegetarismus und Veganismus.

Die Übung des Liebe senden bringt uns der bedingungslosen oder „selbstlosen Liebe" näher.

Gedankenkontrolle durch Affirmationen und Bewusstseinsstützen

Eine Methode der Gedankenkontrolle ist, den negativen Gedanken - Hass, Ärger, Neid, Angst, Abwertung, Feindschaft, Streit, Grausamkeit, starke materielle Wünsche oder niedrige Sexualität - positive Gedanken entgegenzusetzen.
Als erstes sollte man lernen zu unterscheiden, ob die Gedanken, die sich in unserem Gehirn bewegen oder uns quälen, eine Botschaft zur Selbsterkenntnis an uns haben oder einfach Gedanken-Vagabunden sind, die wir aus der Atmosphäre magnetisch angezogen haben.

Gedanken, die sich oft wiederholen, möchten uns meistens etwas sagen. Eine Hilfe ist, solche Themen schriftlich mit dem Tagebuch oder PC zu bearbeiten, um Klarheit oder Selbsterkenntnis zu erlangen und sich ein neues positives Programm erarbeiten.

Gedanken-Vagabunden, die uns stören, kann man durch folgende Affirmationen und Bewusstseinsstützen wegschieben:

„Christus in mir, Christus in meinen Gedanken"

„Ich bejahe das Absolute: Christus und ich sind eins:
Meine Seele ist eins geworden mit dem Ewigen,
und der Mensch tut, was Gott will."

„Gott in mir, Gott in meinen Gedanken."
„Sei still – Gott wohnt in dir."

„Gott geht mit mir in den Alltag,
Gott ist bei mir jede Stunde, jeden Augenblick."
„Gott will für mich das Beste."
„Ich denke positiv, ich denke göttlich."
„Ich bin fein, rein und edel."
„Ich bin ein Wesen der Liebe, ich bin stark."

„Ich bin ein Kind Gottes,
ausgestattet mit den Kräften des Absoluten."
„Ich bin kosmisches Bewusstsein, ein Kind des Alls,
ausgestattet mit dem ewigen Leben."

„Ich vergebe, ich bin frei."
„Mein Nächster ist ein Teil von mir."
„Ich bin eins mit meinem Nächsten."
„Ich liebe meine Feinde, ich vergebe."
„Ich finde und bejahe das Positive in meinem Nächsten."
„Christus in mir, Christus in meinen Nächsten."

Aus dem Buch »Finde zum UR-Licht in Dir - Die Handreichung Gottes - Das Absolute Gesetz« haben mir folgende Bewusstseinsstützen sehr geholfen:

„Ich bin die Ordnung in Gottes All-Ordnung,
die mein Gemüt beleuchtet."
„Ich bin die Ordnung in Gottes All-Ordnung,
die die Inhalte meiner Gedanken ausleuchtet."

„Ich bin der Wille in Gottes Schöpfungswillen, der mein Gemüt erhellt und der Inhalt meiner Gedanken ist."

„Ich bin der Wille
in Seinem Schöpfungswillen des Es Werde.

Es werde lichter und lichter in meinem Bewusstsein."
„Gottes heiliger Wille leuchtet in meinen Sinnen,
Gedanken und Worten."

„Meine Körperzellen erneuern sich.

Meine Seele erhellt sich."
„Mein Wesen ist Licht aus Seinem Licht."
„Meine Sinne und der Inhalt meiner Gefühle, Empfindungen, Gedanken und Worte sind durchlichtet."

„Ich bin frei und kosmisch lebendig."

„In meinem Denken, Reden und Tun
erfüllt sich Gottes Liebe, Weisheit und Gerechtigkeit."

„Die Zügel für mein Dasein habe ich Gott übergeben."

„Nun fasse ich die Hand meines lieben Vaters, meines treu sorgenden Erlösers Christus, und lasse sie nicht mehr los."

Es sind Sätze oder Affirmationen, die man mehrmals bewusst sagen, lesen oder auswendig lernen kann, die helfen, uns zu verändern und unser göttliches Erbe anzusprechen oder zu wecken.
Dabei bejahen und sprechen wir die Absolutheit in uns an, auch wenn wir diesen Zustand der Bewusstseinsstütze noch nicht erreicht haben.
Wir setzten ein Ziel, wie ein Magnet.

Die bewusste Wiederholung, z.B. mehrmals am Tag, aktiviert den Sensor oder den kosmischen Seismographen in uns, der uns über das Gewissen und die Tagesimpulse zeigt, was wir ändern können.

Die Benutzung von Affirmationen sollte nicht eine gedankenlose mechanische Wiederholung werden.
Wichtig ist, dass wir uns der Affirmation, an die wir denken oder sagen, bewusst sind.

Man sollte die Sätze nicht mechanisch wiederholen, sondern beseelt lesen, mit gesprochenen Worten oder in Gedanken. Die Bedeutung jedes Satzes ist im obengenannten Buch ausführlich beschrieben.

Gedankenkontrolle durch die Verbindung mit Gott und Christus

Eine lebendige Beziehung zu Gott oder zu Christus erlebe ich als die beste Methode, die Gedanken zu kontrollieren. Der Fokus unserer Gedanken ist auf Christus und Gott gerichtet, auf einen Dialog mit einem unsichtbaren Freund oder Vater. Man kann direkter mit Gott sprechen, mit gesprochenen Worten aus dem Herzen:

Danke Vater! Ich vertraue mich Dir ganz an.
Ich gebe mich Dir hin! Ich liebe Dich.
Dein Wille geschieht.

Diesen innigen Dialog aus dem Herzen kann man minütlich, stündlich führen, in Gedanken, gesprochenen Worten, in Schriftform, Briefe, Tagebuch oder im Computer. Unser Gehirn braucht ein Ziel, einen Fokus, auf den die Gedanken ausgerichtet werden. Wenn wir oft mit Gott oder mit Christus sprechen und eine Beziehung aufbauen, ist es wie ein tägliches „Gehirn-Training".
Es hilft nicht nur unsere Gedanken zu kontrollieren und ruhiger zu werden, sondern bewirkt in uns Bewusstseinserweiterung, Gesundheit, Ausgeglichenheit, Klarheit, Glück, Freiheit und innere Stärke.

»Mir Christus in meinem Inneren vorzustellen oder sich mit Gott treffen, wie mit einem unsichtbaren Freund.
Das ist für mich das Wesen des geistlichen Gebets.
Was als freundschaftliches Beisammensein beginnt, kann durchaus in ewiger Liebe enden.«

»Das innerliche Gebet ist meiner Ansicht nach nichts anderes als ein Gespräch mit einem Freund, mit dem wir oft und gern allein zusammenkommen, um mit ihm zu reden, weil wir sicher sind, dass er uns liebt.«

Teresa von Avila (1515-1582), Mystikerin

Die Christuskraft in uns

Ein himmlischer Plan - Das Werk der Erlösung

Die geistige Welt oder die kosmischen Geschehnisse aus einer siebendimensionalen Welt sind mit unserem engen Verstand als Mensch nicht einfach zu verstehen oder zu beschreiben.
Es gibt die sichtbaren materiellen Welten und die unsichtbaren Welten, die geistigen Welten, die in sieben Dimensionen eingeteilt sind.

Der in der Bibel und in vielen Religionen erwähnte „Fall", auch „Engelsturz" genannt, ging vor vielen Millionen Jahren aus einem Schöpfungsgeschehen hervor, und ist eine immer noch bestehende Turbulenz.
Sie hat sich schwingungsmäßig so weit verdichtet, dass sie zu Feststoff wurde, auch Materie genannt.
Die Materie, das Grobstoffliche, ist, vom Geiste aus gesehen, nur relativ und nicht Wirklichkeit.
Sie ist Schein und nicht Sein.

Materie ist Manifestation negativer Gedankenformen und, vom Geiste aus gesehen, Schein, das heißt, vergänglich.
Die stärkste Kristallisation, die Materie, ist nichts anderes als die Manifestation von Gedankenformen.
Sie wurde hervorgerufen durch die falsche Empfindungs- und Gedankenwelt der Fallwesen – aber auch der Geistwesen, die ihren Brüdern und Schwestern, den Fallwesen, zu Hilfe eilen wollten und sich dann in der Materie verstrickten.

Wir Menschen sind nicht von dieser Welt! Wir sind inkarnierte Geistwesen in einem physischen Körper - gefallene oder in der Materie verstrickte Engel.
Wir sind nur Gast auf Erden!

Der Planet Erde ist Materialisation oder Verdichtung, ein Teil dieser himmlischen Bereiche. Sie ist auch eine Schule oder „Abtragungsstation für gefallene Engel.“
Auch die teilmateriellen Welten und die Reinigungsebenen entstanden durch den Fallgedanken:
Wie Gott sein zu wollen, ohne göttlich zu sein.

Sinn des Lebens ist die Verfeinerung und die Veredelung, die geistige Evolution und der Weg zurück zu unserer Heimat, in den hohen himmlischen Bereichen, zu unserem Ursprung.
Einige Millionen Jahre nach dem Fall befand sich das ganze Universum in einem gefährlichen Zustand, und es drohte die Auflösung aller materiellen Formen. Um das zu verhindern entwickelten die himmlischen Wesen einen Plan der Rückführung für alle Menschen und Seelen.
Im Laufe der Jahrhunderte kamen im israelischen Volk immer wieder Gesandte Gottes und Propheten - inkarnierte Engel -, die die Menschen über das innere Leben aufklärten, das Friedensreich ankündigten und die Wege für Christus und Gott bereiteten.

Wer ist Christus? Wer war Jesus?

Durch die kirchlichen Institutionen haben viele Menschen ein falsches Bild von Christus und denken irrtümlicherweise an einen toten Mann am Kreuz.

Christus ist in Wirklichkeit ein hohes Geistwesen aus den himmlischen Bereichen, und ähnlich wie Gott, ist er allgegenwärtig in allem und in jedem von uns.
Er sagte:

»Ich und der Vater, wir sind eins.«

»Ich bin der Weg, die Wahrheit und das Leben;
niemand kommt zum Vater außer durch mich.«

Christus ist der erstgeschaute Sohn Gottes und wurde von Gott, unserem Vater, als Jesus von Nazareth in diese Welt gesandt, um den Menschen den Weg zurück in die ewige Heimat zu weisen. Das Leben von Jesus von Nazareth ist ein Symbol für uns Menschen.

Christus war als Jesus von Nazareth inkarniert. Er war ein Vorbild, er hat das Gesetz der Liebe verkörpert, er hat uns gezeigt, wie wir durch die Verwirklichung der göttlichen Gesetze, frei, glücklich und gesund werden können.
Durch die Verwirklichung der göttlichen Gesetze beginnt der Evolutionsweg der Seele heraus aus dem Gesetz von Saat und Ernte.
Christus in Jesus hat uns den Weg aus dem Kausalgesetz gezeigt, aus dem Rad der Wiedergeburt.

Israel hat in Jesus einen Messias erwartet, einen Revolutionär, der das Volk aus der römischen Knechtschaft befreit. Jesus hat stattdessen eine innere Revolution gebracht, die uns Menschen aus der eigenen Ego-Knechtschaft befreit.
Wenige haben Ihn, auch heute noch, verstanden.
Die Bergpredigt und das Gesetz der Liebe sind die Essenz Seiner Botschaft und der Weg der Vervollkommnung:
Sie sind weder Utopie noch Zukunftsvision, sondern für uns alle hoch aktuell, heute wie damals.

Das Volk Israel hat Jesus nicht angenommen, denn es war sehr verstrickt in der Materie, hat die Gesetze Gottes nicht gelebt und dadurch seine Seele sehr verschattet. Auch seine Jünger sind nicht zu Ihm gestanden.
Aus diesem Grund musste Christus eine Teil- Schuld von allen, die aus dem Volk Israel im Plan Gottes standen, auf sich laden. So wurde Er für seine Gegner und die Finsternis sichtbar, greifbar, und konnte gefangen genommen und gekreuzigt werden.

Wäre das jüdische Volk, das wahre Gottesvolk gewesen, dann hätte die Kreuzigung nicht stattfinden müssen und der gesamte Erlöserplan wäre anders verlaufen.
Der ursprüngliche Plan Gottes für Christus in Jesus von Nazareth war die Gründung und der Aufbau des Reiches Gottes auf Erden. Das Friedensreich hätte über die ganze Erde wirken können.

Was bewirkte das Erlöserlicht Christi?

Wenig bekannt ist, was mit Christus im Geistigen auf Golgatha und bei seiner Auferstehung geschehen ist.
Sein materieller Körper als Jesus von Nazareth ist gestorben und danach auferstanden.
Wie konnte das funktionieren?

Der Leib Jesu wurde ins Grab gelegt und dann vergöttlicht durch die Umwandlung der Materie in göttliche Substanz.
Seine lichte Seele bewirkte eine besondere Umwandlung des materiellen Körpers, die sich bis zur Himmelsfahrt vollzog: Seine reine Seele und die Urkraft des ewigen Vaters durchstrahlten vollständig seinen irdischen Körper aus grobstofflicher Materie und wurde von den geistigen Atomen allmählich absorbiert und am Ende hinweggenommen.

Das Geistwesen Christus lebte weiter und so konnten die Himmelfahrt und Sein Heimgang zum Vater stattfinden.
Christus hinterlässt in uns allen ein „Geschenk", die Christus-Erlöser-Kraft:
Er hat die Teilkraft der Urkraft, sein Gott-Erbe, in jede Seele von uns Menschen gelegt.
Auch in die nicht inkarnierten Seelen, die in den Reinigungsebenen im Jenseits sind.

Es gibt vier Reinigungsbereiche im Jenseits, die das Rad der Wiedergeburt bilden.
In den einverleibten Seelen, in den Menschen, wirkt die Christus-Erlöserkraft stärker, als in den entkörperten Seelen, die sich in den Stätten der Reinigung befinden.
Die Teilkraft der Urkraft, die Christuskraft, ist im Gesetz von Ursache und Wirkung so lange aktiv, bis alle Seelen das Rad der Wiederverkörperung verlassen haben.

Die Christus-Erlösertat hat die Sünden der Menschen und der Welt nicht hinweggenommen oder getilgt. Jedoch das Licht der Erlösung leuchtet in jedem von uns. Es ist die Stütze der Seele und der Schutz gegen die Auflösung der Seele.

Die Christus-Erlösertat stoppte den „Fall", und es begann die Rückführung aller Menschen und Seelen. Durch dieses aufgeteilte Erbe, das als Funken in jeder Seele wirksam ist, wurde die Auflösung aller Formen verhindert. Die Auflösung der Göttlichen Schöpfung, so dass alle Lebensformen aufgelöst in den Ur-Strom, in die Urenergie, übergegangen wären. Jedes Geistwesen, jede Seele und jede weitere Lebensform hätte sich allmählich aufgelöst.

Durch die Teilkraft der Urkraft, die Christuskraft, erlangen alle Seelen wieder die Reinheit und finden dadurch wieder zur göttlichen Einheit zurück, wobei Gott ihnen den freien Willen lässt.

Vollkommen kann nur der werden, der seine Seele reinigt und auch rein hält. Erst wenn Mensch und Seele das Gesetz der Liebe mehr und mehr erfüllen, wird er rein.
Wer für Gott ist, der ist auch für seinen Nächsten und für die Tier-, Pflanzen- und Mineralwelt.

Die Erlösung ist in jenen Seelen und Menschen abgeschlossen, welche die Vollendung, also die Reinheit, erlangt haben. Sie sind wieder eins mit dem ewigen Vater geworden und haben die Bruderschaft mit Christus erlangt.
Christus ist der Erlöser aller Seelen und wird durch sein Erbe, die Teilkraft der Urkraft, die absolute kosmische Einheit wieder herstellen - entsprechend dem ewigen Schöpfungsplan.

Die Christus-Erlöserkraft schützt und hilft den willigen Seelen und Menschen auf dem Evolutionsweg zurück zu Gott. Göttliche Weisheit (3)

Das Herz Jesu in der Kunst

Im Laufe der letzten 2000 Jahre ahnten viele Menschen intuitiv, dass jeder von uns den Christus-Erlöserfunken in der Nähe des Herzens in sich trägt. In alten Kunst-Darstellungen wird der Erlöser dargestellt, der auf sein sichtbares, vor Liebe glühendes Herz, deutet.
Im Mittelalter findet sich bei vielen Mystikern eine Herz-Jesu-Verehrung, die auf eine Verbundenheit mit Christus hindeutet: Meister Eckhart, Franz von Assisi, Bernhard von Clairvaux, Johanna Franziska von Chantal, Franz von Sales, Mechthild von Magdeburg, Teresa von Avila, Albertus Magnus, Anselm von Canterbury uvm.

Eine moderne Variante der Herz-Jesu-Verehrung zeigt der französische Jesuit Pierre Teilhard de Chardin: Für ihn ist das Herz Jesu der „Motor der Evolution“ und das „dynamische Prinzip der Welt“.
Diese Menschen haben intuitiv die Christuskraft in sich gespürt, die uns alle auf dem Weg zur geistigen Evolution und zu Gott führt!
Auch in der jetzigen Zeit kann jeder von uns diese Christuskraft in sich spüren, nutzen und vermehren.

Das Christuszentrum - Das vierte Chakra

Das Christus-Bewusstseinszentrum oder vierte Chakra befindet sich zwischen Herz und Wirbelsäule und versorgt energetisch die Organe im Brustkorbbereich.

Es ist ein großes Zentrum, das zweitgrößte des Körpers. Dort befindet sich der Christusfunke. Dieser ist in uns allen die erlösende Kraft, die uns Christus auf Golgatha übertragen hat: Im vierten Zentrum wirkt eine besondere Kraft, es ist die Christuskraft, der sogenannte Erlöserfunke, der sich in jeder Seele eingebar, als Jesus von Nazareth vor 2000 Jahren Sein „Es ist vollbracht!", auf Golgatha sprach.
Er verströmte dabei Seine Teilkraft aus der Urkraft in Form von vielen kleinen Funken in alle Menschen und Seelen, um die weitere Degeneration des materiellen Universums zu verhindern. Seitdem ist keine weitere Rückentwicklung mehr möglich.

Das Christuslicht ist eine zusätzliche, eine stützende, erlösende und heilende Kraft in uns. Da dieser Christusgeist vor allem im vierten Bewusstseinszentrum wirksam ist, heißt es Christuszentrum.

Die sieben Energiezentren der Seele

Die geistige Energie in der Seele fließt über sieben Energieknotenpunkte, auch Chakras oder Bewusstseinszentren genannt.
Sie haben die Aufgabe, die Geistkräfte durch viele verästelte Bahnen über die Nerven zu den einzelnen Organen und Zellen des Körpers zu verteilen.
Jedes Zentrum versorgt einen bestimmten Bereich des Körpers mit geistiger Energie.

Die Bewusstseinszentren sind pulsierende und rotierende Gebilde, lichte Energiezentren in unserem geistigen Leib. Das vierte Bewusstseinszentrum ist eine Art Schalt- und Pumpstation, welche die Energien aus dem Beckenraum wieder hochzieht und dann zum Wesenskern (Hirnanhangsdrüse) weiterleitet.

Ist Christus und Gott-Vater nicht dasselbe?

»Christus ist der Sohn unseres ewigen Vaters und Mitregent der Himmel. Das Wort Gott bezeichnet das All-Gesetz, das man auch ewige Intelligenz nennen kann, ewiges Sein, Ursprung alles Reinem und Feinem. Der Allgeist, der Unendliche, ist einfach das Gesetz, fließende, strömende höchste Energie.
Gott-Vater hingegen ist komprimiertes, also formgewordenes Gesetz, ist ein göttliches Wesen, so, wie Christus, der Mitregent der Himmel, ein göttliches Wesen ist. Sie verkörpern das Gesetz der Unendlichkeit.«

Was sind die Gesetze Gottes?

»Es sind jene Gesetzmäßigkeiten, die uns seit Tausenden von Jahren durch die Gottespropheten gegeben sind. Das sind z.B. die Zehn Gebote Gottes durch Mose; es ist die Bergpredigt des Jesus von Nazareth.
Wer alle Menschen und alle Lebensformen selbstlos zu lieben vermag, wer also nicht mehr wertet, bewertet und urteilt, der erfüllt das Gesetz.
Das Gesetz, Gott, ist Liebe, weil Gott Liebe ist.
Wer die selbstlose Liebe lebt, der ist rein. Er schaut Gott, das Gesetz der Liebe, in allen Menschen, in allen Lebensformen und in allen Dingen, weil er Gott, das Gesetz der Liebe, kennt.«

Was lehrte Jesus von Nazareth wirklich?

»Jesus lehrte uns die wahre Freiheit!
Er kam in diese Welt, um uns frei zu machen.
Jesus brachte die Lehre der Gottes- und Nächstenliebe.
Seine Frohbotschaft wurde völlig ins Gegenteil verkehrt.
Er bevormundete niemanden.
Er band niemanden an sich.

Was sagte er zu den Jüngern? „Ordne dein Leben, und folge Mir nach! Erfülle die Gesetze."
Er sagte nicht, „du musst", sondern: Du kannst es machen, wie du möchtest; du hast den freien Willen.
Willst du aber Mir, dem Christus, nachfolgen, dann erfülle die Gebote Gottes und Meine Lehren.

Jesus war stets unabhängig und unbeeinflussbar. Er blieb sich selbst und dem Gesetz Gottes, das Er verkörperte, treu.
Weder hat Jesus selbst sich den damaligen Religionsführern untergeordnet, noch hat Er den Menschen anempfohlen, dass sie sich irgendjemandem unterordnen sollen!
In der Lehre des Jesus, des Christus gibt es keine Bevormundung, keine Indoktrination; es gibt keine Unterjochung und keine Subordination.«

Die Christuskraft, der innere Arzt und Heiler

»Der Weg der Heilung stellt ein Teilstück des Weges zur Erlösung dar; beide Wege sind nicht voneinander zu trennen. Deshalb ist der in Seinem Erlöserfunken präsente Christus gleichzeitig unser Innerer Arzt und Heiler.
Ihm können wir unsere negativen Gedanken übergeben, Ihn können wir um Hilfe bitten, die Er uns gewährt, sofern es für unsere Seele gut ist.«

»Unsere Aufgabe in diesem Leben ist es, den Christusfunken zur Flamme zu entfachen. Wie ein Funke materiellen Feuers dazu Sauerstoff braucht, so benötigt der Christusfunke ein Leben nach den göttlichen Gesetzen, vor allem nach dem Teil der Bergpredigt, der das Bereuen, Vergeben und Um-Vergebung-Bitten beinhaltet.
Voraussetzung ist also, dass wir mit allem Ernst unser Ich abbauen. In dem Maße, in dem unser Ich kleiner wird, kann die Flamme größer werden.«

Göttliche Weisheit (1)(4)(7)

Christus-Bewusstsein - Die Christus-Matrix

Historisch betrachtet war und ist Jesus von Nazareth mit seiner praktischen Nächstenliebe, ein Vorbild für viele Menschen. In den vergangenen Jahrzehnten wird in esoterischen Kreisen zunehmend von einem Christus-Bewusstsein und Christus-Matrix gesprochen: Es stimmt, dass wir durch die Verbindung mit dieser Christus-Energie zu einem höheren Bewusstsein gelangen können.

Je mehr wir nach dem Gesetz der Liebe, in unseren Gefühlen, Gedanken, Worten und Handlungen leben, desto schneller erreichen wir dieses Bewusstsein, das uns zu Glück, Gesundheit und Freiheit führt. So tragen wir auch dazu bei, dass diese Welt besser wird.
Ein Leben nach dem Gesetz der Liebe war und ist die heilende Botschaft von Christus in Jesus von Nazareth.

Gedankenkontrolle und Lebensmeisterung mit Christus

Im Christusbewusstsein leben

Wenn wir uns verfeinern und veredeln, erlangen wir das Christusbewusstsein und wir werden durchlässig für Christus, so dass Er durch uns wirken kann.
Wir können die Verbindung mit Christus anstreben und sie trainieren. So aktivieren wir das Christuslicht und halten die Kommunikation zu Christus in uns.
Die Christusflamme wird größer und wirkt in den Zellen unseres Körpers. Christus strahlt durch uns, dadurch wird die Materie feiner.
Wir denken und sprechen bewusster. Wir machen Ordnung in unserem Leben, erfüllen mehr und mehr Gottes Wille und entfalten so die Weisheit der Seele. Wir spüren das Bewusstsein der Natur, der Tiere, der Elemente.

Es gibt viele Möglichkeiten, sich mit dieser Kraft zu verbinden: Wir können Gespräche mit Ihm, wie mit einem unsichtbaren Freund führen, in Gedanken, gesprochenen Worten, durch Schrift im Tagebuch oder PC.

Christus ist nichts abstraktes, Er ist ein göttliches Wesen, auch allgegenwärtig wie Gott.
Christus wünscht sich, dass wir Ihn mehr und mehr verspüren. Jeder von uns kann Ihn jederzeit anrufen und Ihm seine Anliegen darlegen.
Wir können Christus mehr und mehr in unser Leben einbeziehen, unsere Probleme übergeben, um Lösung und Führung bitten, z.B. um Selbsterkenntnis, die Botschaft einer Krankheit zu erkennen oder den passenden Job für uns zu finden.

Wenn wir krank sind, können wir uns mit Ihm verbinden und uns vorstellen, dass seine heilende Kraft in uns fließt, zu den jeweils kranken Zellen und Organen.

Sich mit dem Christuszentrum verbinden

Wir können uns jederzeit mit der Christuskraft in uns verbinden, indem wir kurz innehalten, unsere rechte Hand, auch beide Hände, auf unser Herzchakra oder viertes Bewusstseinszentrum legen und dadurch mit Christus in Kommunikation treten, in Gedanken oder mit gesprochenen Worten. Folgende oder ähnliche Sätze können wir still in unser Inneres, hineinsprechen:

„Christus in mir - Christus durch mich."
„Christus wirkt durch mich. Christus strahlt durch mich."

Wenn uns negative Gedanken quälen

„Christus in mir, Christus in meinen Gedanken."
„Christus in mir, Christus in meinem Gehirn."
„Ich bin stark in Christus."
„Christus, Du siegst in mir."
„Ich bin fein, rein und edel."

Fragen stellen, bei Problemen in der Arbeit und Familie

Wir können um Hilfe und Lösung bitten, wenn wir möchten, mit der rechten Hand auf dem Christuszentrum:

„Christus in mir, Christus in der Situation."
„Christus in mir, Christus im Problem."
„Christus in mir, Christus in meiner Arbeit."

Hand aufs Herz: Wir können uns verinnerlichen; ohne Hände, oder eine oder zwei Hände auf das Herzzentrum legen, eine Frage stellen, ein Problem schildern und um Rat oder Hilfe bitten.
Ohne etwas Spektakuläres zu erwarten, können wir die Antwort in uns hören.

»Sich auf diese Art mit Christus im Christuszentrum zu verbinden ist eine wunderbare Hilfe, um uns immer inniger Ihm anzuvertrauen und in die Verbundenheit mit Ihm hineinzuwachsen. Dann kann Christus zum ständigen Begleiter in unserem Leben werden, was eine unvergleichliche Freiheit verheißt.«

»Es gibt nur eine Energiequelle, auf die wir uns ausrichten sollen. Das sind nicht unsere Mitmenschen, sondern das ist Gott in uns, das ist der Christusfunke, tief in unserem Innersten. Richten wir uns auf Christus aus, so erhalten wir auch die Energie, die wir für unser Leben benötigen.« Göttliche Weisheit (3)

Bei Schwierigkeiten und Streit mit Menschen

Bevor oder während wir ein schwieriges Gespräch führen: „Christus in mir, Christus in meinem Nächsten."

Beim Aufwachen oder Einschlafen

Auf dem Rücken im Bett liegend und beide Hände auf das Christus-Zentrum (linke Hand auf die rechte Hand) legen, sinngemäß beten:
„Ich bin ein Kind-, Sohn-, Tochter Gottes."
Beim Einschlafen: „Danke für den Tag, führe meine Seele in der Nacht in höhere Bereiche."
Beim Aufwachen:
„Danke für die Nacht und den neuen Tag.
Führe mich durch den Tag, damit Dein Wille geschieht."

Beim Autofahren

„Christus in mir, Christus im Auto."

**Beten für leidende Menschen,
Tiere, Pflanzen, Natur**

„Christus in mir, Christus in meinen Nächsten."
Dieser Gedanke hinaus über den Äther zu einer Stadt, einem Land schwingen lassen.
Die Entfernung spielt dabei keine Rolle, die positiven Gedanken erreichen die Menschen oder Tiere dort, wo der Fokus unserer Gebete ist.

Wenn wir keine Beziehung zum Wort Christus haben, können wir es ersetzen durch das Wort Vater oder Gott:
„Gott in mir, Gott in meinen Gedanken."
„Gott in mir, Gott in meinen Nächsten."

Jesus, dem Christus, nachfolgen bedeutet, positiv Senden

Jesus, dem Christus, nachfolgen bedeutet, positiv senden in Gefühlen, Gedanken, Worten und Handlungen: Durch das Liebe senden und die bewusste Verbindung mit Christus erreichen wir eine Bewusstseinserweiterung.
Unsere Beziehungen zu Menschen, Natur und ihren Geschöpfen verbessert sich und all diese Schritte erweitern unser Bewusstsein.
Je mehr wir uns Christus anvertrauen und uns Ihm hingeben, desto mehr Ruhe und Sicherheit gewinnen wir.

»Ich bin der Christus Gottes,
der Weg, die Wahrheit und das Leben.«

»Wer lernt, Christus in sich zu erfahren und zu erspüren, der gewinnt inneren Halt, Unabhängigkeit, innere Sicherheit und Stärke - Gaben des Allerhöchsten, die unzerstörbar sind, weil Gottes Kraft, Liebe und Weisheit von Dauer sind.«

»Unsere Gedanken mit Kraft und Leben zu erfüllen, das bedeutet, dass wir schon am Morgen beginnen, Christus in uns zu bejahen. Es ist der Christus Gottes, Der mich begleitet, Der mit mir am Arbeitsplatz ist, Der bei mir ist, einerlei, was auf mich zukommt.

Er will, dass ich mich in allem, was mich bewegt, erkenne, und mit Seiner Kraft bereinige, so dass der neue Mensch entsteht, die Erneuerung des Lebens, die von innen kommt. Denn in Christus zu leben macht glücklich.
In Christus zu leben ist der Lebensgewinn, den wir unglaublich brauchen – gerade in unserer Zeit, gerade in dieser trüben Welt.
Christus ruft: Komm zu Mir, zu Christus in dir.

Komm und vertraue dich Mir, dem Christus in dir, an.
Bete von Herzen, und erfülle deine Gebete.
Ich, der Christus Gottes in dir, mache dich glücklich, frei, gesund.

Wo ist in dieser Welt die Sicherheit?
Ist die Sicherheit bei Menschen?
Ist die Sicherheit bei Hab und Gut?

Immer mehr Menschen erkennen: Das Äußere, die Welt bietet keine Sicherheit mehr. Doch Einer ist da, Der uns Sicherheit bietet.
Es ist der Christus Gottes, Der uns näher ist als Arme und Beine.
Es ist der große, liebende, barmherzige Geist, Der in jedem von uns wohnt.
Seine Liebe und Hilfe ist immer gegenwärtig.
Er ruft uns, und wer zu Ihm von Herzen kommt, der erlebt und spürt Seine Gegenwart und Seine Hilfe.

Die Welt bietet uns keinen Halt mehr. Sie gibt uns keine Geborgenheit mehr.
Kein Mensch kann uns Geborgenheit geben, nicht einmal Sicherheit.
Die Geborgenheit und die Sicherheit liegen einzig in Dem, Der über allem steht, was in unserer Welt geschieht. Und Ihm zuzuwandern, sich Ihm hinzugeben, ist letztlich der Sinn unseres Erdendaseins, ist unser Weg im Zeitlichen.

Wir müssen lernen, was Einheit bedeutet, dann erleben wir die Sprache der Tiere, der Pflanzen, ja wir hören das Orchester der Mutter Erde. Dann werden wir kein Tier mehr quälen. Die Kriege werden aufhören – Mensch gegen Mensch. Freunde werden wir werden, Geschwister, Brüder und Schwestern im Geiste des großen Bruders, Christus.«

Göttliche Weisheit (1)(9)

Teil VII

Mit Gedankenkraft gezielt arbeiten

Richtiges Fokussieren und Visualisation

Mit Gedankenkraft gezielt arbeiten: Richtiges Fokussieren und Visualisation

Schon seit meiner Jugend interessiere ich mich für das Mental-Training und das Arbeiten mit Gedankenkraft. Was ich hier zusammengefasst habe, sind Texte aus einem geistigen Buch, das ich als die reinste Quelle zu diesem Thema betrachte.

Wenige Menschen wissen, was es bedeutet mit Gedankenkraft auf eine richtige und gesetzmäßige Art zu arbeiten.
Grundsätzlich gibt es zwei Formen des Fokussierens:
Das gegensätzliche Fokussieren im Eigenwillen und das gesetzmäßige Fokussieren in Gottes Willen.

Falsches Fokussieren mit dem Ego

»Der Mensch, besonders in dieser Zeit, ist meist nach außen gekehrt. Sein Bewusstsein ist nicht gesammelt, sondern zerstreut; er zieht bzw. treibt einmal hierhin, einmal dorthin.
Der Mensch hat sich von Gott, dem Leben, abgewendet, der eine mehr, der andere weniger.

Der Mensch, als Mantel gesehen, ist also das individuelle Kleidungsstück der Seele. Jede Faser dieses Mantels besteht aus dem individuellen Verhalten des Einzelnen, aus den Inhalten seines Fühlens, Empfindens, Denkens, Sprechens und Handelns.
Wer nur diesseitsbezogen ist, wer also nur materiell denkt, dessen Mantel besteht ausschließlich aus seinem Individuellen, aus seinem persönlichen Gesetz; wir nennen es auch Isolationsgesetz, das sein Ego ist.

Der Mensch mit seinem Allzumenschlichen ist isoliert, er lebt in seinem persönlichen individuellen Ego-Gesetz.
Er kreist um sich selbst in der Enge, der Begrenztheit allzumenschlichen Daseins.
Der Nächste ist ihm entweder gleichgültig, oder er ist gegen ihn und bekämpft ihn als seinen Feind.
Der Übernächste, das Tier, ist für den Ego-Menschen nichts als eine Sache, die ihn zu diesem und jenem Zweck von Nutzen sein kann. Er liebt nur sich selbst.
Ichbezogenheit bewirkt Isolation; wir missachten unsere Nächsten und die Tiere; wir sind kommunikationsarm. Das ist geistiger Tod.

Jeder Mensch hat seinen „Mantel" selbst geschaffen.
Was er aussandte, ging auch - als Belastung - in ihn ein; es sind seine Eingaben, die ihn prägen.
Der Mensch ist also der Träger seiner eigenen Eingaben.

Das gegensätzliche Fokussieren geht vom Isolationsgesetz aus, das zuerst im eigenen Speicher im Gehirn, Bilder aktiviert, die das Gehirn und somit den Mensch dann nach außen projiziert, also sendet. Über diese Vorstellungswelt, seine Bilder, die aus dem Ego, dem Isolationsgesetz kommen, empfängt er Gleiches und Ähnliches.

Durch das gegensätzliche Prinzip intensiven Sendens, also Fokussieren, kann der Mensch auch die Atmosphärische Chronik anzapfen. Damit bringt er in der Atmosphärischen Chronik das in Bewegung, was für ihn, für seine Zwecke, nützlich ist, das er unter Umständen auf- und ausbauen möchte.

Dieses gegensätzliche, intensive Senden, gleich Fokussieren erleben wir in unserer heutigen Zeit auf mannigfache Art und Weise.
Global gesprochen, sind das Astraleinflüsse.

Durch diesen Einfluss können auch Gegenstände bewegt werden und Menschen gesteuert werden, die dafür empfänglich sind, weil sie Ähnliches in sich tragen.

Wir sehen, mit welchen Energiebereichen wir unter Umständen in Verbindung treten können, wenn wir mit unseren Kräften nicht verantwortungsbewusst umgehen, wenn unsere innere Ziel- und Blickrichtung, unsere Ausrichtung und Gesinnung nicht Gott und das Göttliche sind.«

»Wir Menschen sind einzig auf der Erde,
um uns wieder Gott, dem Inneren Licht, zuzuwenden.«

Richtiges Fokussieren bedeutet Göttliche Energien zu entwickeln

»Wir lernen Fokussieren als Hilfe auf dem Weg, der in die geistige Evolution führt, „näher, mein Gott zu Dir", und damit Gott immer mehr durch uns wirken kann, auf das Sein Wille geschieht und Sein Reich kommt - das Friedensreich.

Die Voraussetzung für das positive Fokussieren auf geistig-göttlicher Ebene ist, dass sinngemäß folgende Aussage unser Herzensstreben ist: Göttliche Energien zu entwickeln, sich dem Leben zuzuwenden, das Gott ist, indem wir unsere Seele und unserem Menschen, den Mantel, reinigen von dem, was gegen das Leben ist.

Jeder kann sich fragen, ob er das von Herzen möchte, ob er seinen Mantel durchlichten möchte, so dass Gott die Materie durchstrahlt und der Mensch Kommunikation zum All-Sein erlangt.

Das Leben ist Licht, ist Kraft, ist All-Kommunikation. Wird unsere Seele lichter, dann wird auch der Mensch reiner und sein Isolationsmantel feiner, das heißt, das Licht beginnt also die Materie zu durchstrahlen.«

»In dem Maße, wie wir uns dem Leben, Gott in uns, zuwenden, empfangen wir vermehrt positive Energie.«

»Dadurch können wir uns besser konzentrieren. Daraus entwickelt sich eine steigende Intuition für das Leben. Leben ist Kommunikation. Alles Sein kommuniziert untereinander. Wir merken allmählich, dass das Leben nicht nur in uns ist, sondern auch um uns.

Wir Menschen stehen mitten in einem unfassbaren Meer von kommunikativen Abläufen positiver und negativer Energien.
Unser Gehirn ist mit einem Radarschirm zu vergleichen. Durch unser Fühlen, Empfinden, Denken, Sprechen und Handeln stellen wir den Radarschirm auf entsprechende Sendestationen ein, um von dort Energien zu empfangen.
Was wir empfangen, strahlen wir wieder bildhaft aus.
Auf welche Sendequellen ist das Radarschirm-Gehirn ausgerichtet?
Auf das Positive oder auf das Gegensätzliche?

Viele Menschen sprechen von Zufällen und Einfällen.
Da alles Energie ist, gibt es keine Zufälle.

Ist unser Mantel, also unser Körper, lichter geworden, weil unsere Seele reiner wurde, dann kann der Geist durch uns vermehrt Strahlen göttlicher Energien senden, so dass wir bewusster denken und leben.
Je lichter unsere Seele und unser Körper wird, umso klarer kann der Mensch in Kommunikation mit entsprechenden Bewusstseinspotentialen treten durch das Prinzip Senden und Empfangen, durch das Fokussieren.«

»Fokussieren heißt, die geistig entwickelten positiven Energien zu einem Energie- gleich Leitstrahl zu bündeln, den wir dann auf einen Gegenstand, auf eine Situation, auf unsere Arbeit und dergleichen richten.«

»Haben wir unserem inneren und äußeren Leben die Ausrichtung auf Gott gegeben und bemühen wir uns tagtäglich, diese weitgehend zu halten, dann werden wir auch bestrebt sein, unsere Gedanken- und Gefühlswelt, unser Wollen zu erfassen.

Wir üben uns in der Selbsterkenntnis und räumen mehr und mehr unser Allzumenschliches aus, um u.a. unseren Nächsten besser verstehen zu können, um Schritt für Schritt in das Leben, in das Gesetz Gottes, einzugehen, das unser wahres Sein ist.
Um diese Abläufe zu intensivieren, um uns rascher und leichter erkennen und das Ungute zu bewältigen, um unsere Ursachen und deren oft vielfältige Wurzeln zu erfassen und aus dem Acker unserer Seele zu entfernen, bedarf es der Sammlung, der Konzentration unserer Bewusstseinskräfte. Dazu lernen wir Fokussieren.«

»Lernen wir positives Fokussieren, um unsere Speicherungen in der Seele zu tilgen, so können wir diese lichten, so dass sich auf unserem Lebensweg auch manches lichtet und wir so manchem Schicksal zuvorkommen können.
Durch gesetzmäßiges Fokussieren erleben wir kleine Einblicke in unser gegenwärtiges und zukünftiges Erdendasein. Bereinigen wir im Tag, was sich zeigt, dann bereinigen wir gleichsam unsere Zukunft.
Unsere Seele kann dann nach dem Ablegen ihrer Leibeshülle in lichtere Bereiche gehen.«

»Fokussieren bietet uns die Chance, die Arbeit an uns selbst, unseren Inneren Weg, effektiver zu gestalten.«

Die Methode des richtigen Fokussierens

»Fokussieren heißt nichts anderes als völlige und länger anhaltende Konzentration, die wir auf Probleme, Gegenstände, Arbeitsabläufe und dergleichen lenken. Wir tun dies, um sie aufzuschlüsseln, um die Botschaft zu erfassen, die darin liegt.
Fokussieren heißt also, die Dinge aufzuschlüsseln, von dem Bewusstseinsstand, den wir ansenden, Hilfe und Anregung zu bekommen.
Das gilt nicht nur für die Arbeit an uns selbst, sondern auch bei Gesprächen, das gilt für unseren Tätigkeitsbereich, auch bei der Beantwortung von Briefen und dergleichen.
Fokussieren will gelernt sein: Durch Konzentration werden wir auch unsere Arbeit zielbewusst durchführen. Das bedeutet, dass wir mehr und bessere Leistung bringen.

Fokus ist Brennpunkt: Als erstes müssen wir unser Gehirn trainieren, um die Konzentration durchzuhalten.
Wir müssen immer und immer wieder üben, uns zu konzentrieren und unsere gebündelten Energien auf das zu lenken, was wir aufschlüsseln wollen.«

»Fokussieren ist intensives Senden,
um Entsprechendes zu empfangen.«

»Fokussieren heißt, Energien zusammenführen und sie,
wie durch ein Brennglas, auf die Situation,
auf einen Gegenstand richten.«

Göttliche Weisheit (14)

Voraussetzungen für das richtige Fokussieren

1) **Energie haushalten**

»Lernen mit unserer Körper- und Seelen-Energie haushalten und sie bewusst und sinnvoll einsetzen.«

2) **Sich von Vorstellungen befreien**

»Eine wesentliche Voraussetzung, um fokussieren zu lernen, ist, sich als erstes von Vorstellungen und Meinungen zu befreien, von Absichten und Vorgaben wie „das müsste so oder so laufen" oder „Das soll meinen Wünschen und meinen Vorstellungen entsprechen" oder „Ich will Ideen ergründen, die mir persönlich dienen."«

3) **Sich nicht gehen lassen!**

»Solange wir uns gehen lassen, indem wir auf unsere Gefühle und Empfindungen, Gedanken und Worte nicht achten, werden wir energiearm, müde und ausgelaugt. Warum?
Wir können uns nicht konzentrieren; wir zerstreuen die Energien, anstatt sie zu sammeln.
Haben wir gelernt, das, was uns betrifft, was uns zerstreut oder was uns persönlich drückt, zu hinterfragen und zu beheben, das heißt, zu bereinigen, dann wird es uns immer besser gelingen, uns zu konzentrieren.«

4) **Geistig disziplinierte Haltung**:

»Wir müssen mit innerer und äußerer Disziplin, also mit einer besonnenen, aufrechten, gesammelten Haltung durch unser Erdenleben gehen.
Wir müssen uns selbst fordern, nicht nur während dieser Übungen, sondern Tag für Tag, Stunde für Stunde.

Ohne bewusste Sammlung unserer Kräfte, also eine geistig disziplinierte Haltung, geht es nicht voran, und wir fallen zurück.
Fordern wir von uns selbst Leistung, so kann das Gehirn nicht im Müßiggang und dergleichen abschweifen.
„Leistung" heißt nicht Hast, sondern bewusste Tätigkeit.
Dadurch wird zum einen unsere Arbeit abwechslungsreicher; wir werden vitaler, schaffensfreudiger, leistungsfähiger, was für uns Konzentration und somit innere und äußere Ruhe bringt.
So lernen wir, ausgewogen tätig zu sein.
Ein geistig diszipliniertes Leben führt uns hinein in das wahre Leben, das Einheit ist.«

5) **Einheit**

»Einheit ist All-Kommunikation, Verbundenheit mit der gesamten Schöpfung Gottes.
Verbundenheit ist unpersönlich.
Verbundenheit macht glücklich.
Einheit bedeutet Verbundenheit mit allen Menschen und Wesen - Verbundenheit durch die Aufgabe, durch das gemeinsame höhere oder hohe Ziel.«

6) **Bewusstes Leben ist Leben im Geiste Gottes**

»Je bewusster, gesammelter und konzentrierter wir durch unsere Erdentage schreiten, ausgerichtet auf Gott, den Geist des Lebens, umso weiter wird unser Bewusstseinshorizont, unsere Bewusstseinsstrahlung.
Dann ist unser Hände Werk mehr und mehr erfüllt von göttlicher Energie, und unser Tun wird ein Beitrag sein zum Aufbau jenes Energiepotentials, aus dem das Reich Gottes auf Erden erwächst.

So kann unser Erdenleben gewinnbringend sein für viele – unsere Nächsten, unsere Übernächsten, die Tiere, und für die Mutter Erde.«

7) **Durchlässig sein für Gott**

»Das Fokussieren kann, wenn wir uns einüben, unserem Ziel dienen, durchlässiger zu werden für die Strahlung aus Gott, um wahrhaft Seinen Willen zu erfüllen dadurch, dass Er durch uns zu wirken vermag.«

8**) Innere und äußere Ruhe**

»Wir brauchen innere und äußere Ruhe, um in unserem Gehirn entsprechende Bilder werden zu lassen, die wir dann zu Energien bündeln und präzise auf einen Gegenstand, auf eine Situation lenken.

Um uns längere Zeit konzentrieren zu können, müssen wir uns als erstes von Zeitdruck, Ärger, Tagessorgen, persönlichem Wollen, Stress und Anbindung an unsere Mitmenschen befreien.«

»Was wir brauchen, ist vor allem innere Ruhe, z.B. durch Selbstbetrachtung, um allzumenschliche Eigenheiten zu lösen, durch meditative Stille-Übungen, um die Harmonisierung unserer Gehirntätigkeit zu erlangen.«

9) **Meditative Stille-Übungen**

Für die meditativen Stille- oder Konzentrations-Übungen habe ich Sanduhren mit 3 oder 5 Minuten eingesetzt, um ganz auf ein Ziel, auf ein Thema, konzentriert zu bleiben, und keine anderen Gedanken zugelassen.

10) **Hinweise für die Übungen**

»Wir konzentrieren uns auf unsere Atmung.
Wir bemühen uns, keinen Gedanken zuzulassen.
Wir lernen, uns zu konzentrieren.
Wir richten uns auf unser Gehirn aus,
um die Energien im Gehirn zu bündeln.
Sie sammeln sich zu einem Leitstrahl.

Wir bleiben konzentriert. Wir spüren,
dass sich die Energien straffen und bündeln.
Wir richten die gebündelte Energie,
den Leitstrahl auf unser Bild.
Das Bild ist der Brennpunkt.
Wir bleiben darauf konzentriert.

Wir bleiben konzentriert.
Das Bild steht im Brennpunkt unseres Energiestrahls.
Soweit es uns möglich ist, bündeln wir Energien in
unserem Gehirn. Wir sammeln im Gehirn Energien.
Dabei lassen wir keinen Gedanken zu.
Wir sind auf unser Gehirn konzentriert,
um die Kräfte zu bündeln.
Wir sehen die gebündelten Energien als Leitstrahl.
Wir sind auf unser Gehirn konzentriert,
um die Kräfte zu bündeln.

Unser Mensch schweigt.
Unser Verstand, unser Wissen, unser Intellekt
ist nicht aktiv. Er wird nicht benötigt.
Wir sind still und offen,
doch ohne etwas Bestimmtes zu erwarten.
Wir schweigen für fünf Minuten.
Bleibe konzentriert. Du hast Zeit.«

»Richtiges Fokussieren bedeutet,
Göttliche Energien zu entwickeln.«

Göttliche Weisheit (14)

Teil VIII

Die Hingabe und Liebe zu Gott

Die Hingabe und Liebe zu Gott

Wer ist Gott?

Für viele moderne Menschen ist Gott fern, kaum mehr als ein Wort, mit dem sie etwas Abstraktes und eine vage Vorstellung verbinden.
Wir leben in einer rational-wissenschaftlich, materialistisch geprägten Gesellschaft. Das Wort Gott löst bei vielen eine Art Verkrampfung, Ablehnung, unangenehme Erinnerungen oder eine Assoziation mit kirchlichen Institutionen mit Machtstrukturen, Zölibat, sexueller Repression, Verboten und Dogmen, aus. Aber Gott ist etwas anderes und hat mit Institutionen nichts zu tun.

Viele Menschen sind von Gott enttäuscht, wenn sie Schicksalsschläge und Krankheiten erleiden, oder wenn sie mit den Ungerechtigkeiten und Grausamkeiten in dieser Welt konfrontiert werden. Sie fallen in Zweifel, ob Gott überhaupt existiert. Menschen vieler Religionen beten weltweit auf Knien zu Gott für die Not der „brennenden" Welt und fragen nach dem „Warum".
Für sie ist Gott oft ein „ferner Gott", hinter den Wolken.
Sie sind sich nicht bewusst, dass Gott ihnen in Wirklichkeit ganz nahe ist und in ihnen wohnt.
Sie kennen auch oft Seine Gesetze nicht, z.B. das Gesetz des freien Willens.

Gott existiert tatsächlich. Er ist uns nicht nur ganz nahe, er kennt uns auch ganz genau. Er lässt uns immer unseren freien Willen, unabhängig davon, ob wir uns im Alltag für oder gegen Ihn und Sein Gesetz der Liebe entscheiden.

Alles was ist, auch die Materie und damit der Mensch, ist durchströmt von einer kosmischen Kraft, von einer Energie, die alles belebt, nährt und erhält. Wir können diese Kraft, die Schöpferkraft, das Leben, die Kraft der Liebe, Universum, All-Geist oder Gott nennen.
Es ist der Geist Gottes, der das Leben ist, der in allen Seinsformen die Energie ist, die alles erhält, wachsen und reifen lässt.
Es ist der ewig sich verschenkende Strom der selbstlosen Liebe, eine absolut positive Energie.

Unser Gehirn - Die Antenne für das Göttliche

Unser Gehirn hat große Areale, wie eine Antenne, die für die Kommunikation mit dem Göttlichen geplant sind. Diese Gehirnareale lassen sich trainieren durch Achtsamkeit, geistige Disziplin, Veredelung der Sinne, inniges Gebet, Dankbarkeit, Liebe in unseren Gedanken, Worten und Handlungen.
Das Ziel ist, eine lebendige Beziehung zu Gott oder Christus, wie zu einem unsichtbaren Vater oder Freund, aufzubauen.
Mehrmals am Tag, minütlich oder stündlich, können wir uns bezüglich aller Lebenssituationen und Probleme, seien sie noch so banal, mit diesem allgegenwärtigen Geistwesen verbinden, mit Gott, unserem Vater oder mit Christus unserem Freund, inneren Arzt, Helfer und Ratgeber.

Gespräche mit Gott oder Christus

Es ist ein Dialog in Gedanken, mit gesprochenen Worten oder schriftlich im Tagebuch oder Computer. Je öfter wir unsere Gehirn-Antennen für diese Verbindung trainieren, desto besser gelingt es uns.

Christus und Gott sind ständig bemüht mit uns zu kommunizieren und uns die richtigen Wege zu weisen. Je mehr wir bestrebt sind, nach dem Gesetz der Liebe und Einheit zu leben, desto besser können wir Seine Impulse wahrnehmen und Er kann uns optimal führen - so wie wir es zulassen.

Was bedeutet Liebe?

Liebe ist eine besondere Art der Zuneigung, eine positive Energie, ein Energiefluss. Liebe hat als Begriff ein breites Spektrum von Qualitäten: Achtsamkeit, Respekt, Toleranz, Verständnis, Gerechtigkeit, Geduld, Feinfühligkeit, Mitgefühl, Güte, Herzlichkeit, Ehrlichkeit, Großzügigkeit, Demut, Bescheidenheit, Freiheit, Frieden, Friedfertigkeit, Treue, Feindesliebe, Vergebung, Einheit, Vegetarismus, Naturschutz.
Je mehr wir diese Qualitäten der Liebe oder inneren Werte entfalten, desto gesünder, freier, reicher und glücklicher werden wir.

Was bedeutet Spiritualität?

Spiritualität im täglichen Leben bedeutet, die geistige Evolution und eine höhere Ethik und Moral anzustreben, die Sinne zu veredeln, eine lebendige Beziehung zu Gott aufzubauen und mehr und mehr nach dem Gesetz der Liebe zu leben.
Mit diesen Schritten erweitern wir unser Bewusstsein und entfalten den wertvollsten inneren Reichtum unserer Seele. Es liegt an uns, je nach dem wo wir unseren Fokus hinlenken, auf Menschen und auf diese materialistische Welt, oder auf die höchste Quelle, die in uns liegt.
Es ist der einzige Reichtum, der es vermag, uns glücklich, frei und gesund zu machen.

Intuition und die Weisheit der Seele

Der sechste Sinn, die Intuition ist bei uns Menschen oft gestört durch seelische Belastungen, negative Gefühle und Gedanken, wie z.B. materielle Wünsche, Gier, Hass, Aggression, Streit, Groll, Angst, Neid, Probleme, Sorgen sowie durch intellektuelles Denken.
Intuition hat vor allem mit der wahren Intelligenz zu tun, der Weisheit der Seele, die jeder von uns besitzt.

Je freier wir durch innere Arbeit werden, indem wir unser Ego reduzieren, uns verfeinern und veredeln, desto besser funktioniert die Intuition. So können wir besser von Gott, der höchsten Intelligenz, geführt werden.
Intuition kann man durch die Verbindung mit Gott im täglichen Leben trainieren.

Gott ist die Liebe. Gott ist die Stille. Um Ihn wahrzunehmen, sollten wir üben ruhiger und harmonischer zu werden, unser Gehirn und unsere fünf Sinne, die feinen Antennen der Seele, trainieren und mehr und mehr nach dem göttlichen Gesetz der selbstlosen Liebe leben.

Gottes Antworten wahrnehmen

Die Antwort kommt nicht immer sofort, aber sie kommt oft unerwartet und auf vielfältigem Wege: »Gott spricht durch viele Münder«, sagt ein altes Sprichwort. Und es ist wirklich so: Auch wenn unsere Ohren Ihn nicht hören, Er hat und nutzt viele Möglichkeiten, uns Impulse und Hinweise zu geben oder auf unsere Gebete zu antworten.

Manchmal wünschen wir, dass Er uns sofort hilft, ein Zeichen oder eine Antwort gibt. Leider ist unser Bewusstsein noch mit „menschlichen Aspekten" verschattet und wir

können seine Antwort noch nicht klar und deutlich wahrnehmen.
Oft kann Er nicht mit uns kommunizieren, weil unsere Antenne, unser Gehirn, mit vielen anderen unwichtigen Dingen beschäftigt ist.
Wenn wir trainieren, Ihn mehr und mehr in unser tägliches Leben einzubeziehen, dann wird unsere „Gehirn-Antenne" auf Ihn eingestimmt.

Es ist wichtig, dass wir stetig unser Gehirn von Ego-Ballast befreien und die Gehirnareale, die die Antenne für das Göttliche bilden, für diese Verbindung trainieren, ähnlich wie ein Sportler.

Seine Antwort kommt durch Ideen, Begegnungen und Situationen, die uns den nächsten Schritt weisen, auch dann, wenn wir noch nicht vollkommen sind.
Es sind die **Tagesimpulse** und **Zufälle**, z.B. durch einen Satz in einem Buch oder einer Zeitschrift, der uns urplötzlich ins Auge sticht, durch das plötzliche Anschlagen unseres Gewissens, einem Gespräch mit einem Bekannten, durch ein Tier, das uns begegnet, einen Traum, einen Gedankenblitz, der plötzlich da ist, uvm.

Das Leben wird sehr interessant, wenn man beginnt, auf diese Weise wachsam zu leben.

»Die Hingabe und die Liebe zu Gott sind der Treibstoff, der uns Impulse und Kraft gibt.«

Zum Vergleich, ähnlich wie mit unserem Auto:
Man tankt nur besten Kraftstoff und wartet es in regelmäßigen Abständen. Wenn man dies unterlässt, kann es zu Störungen bis hin zu einem Motorschaden führen.

Warum verhalten wir uns selbst und unserer Seele gegenüber oft nicht gleich verantwortungsvoll?

Hingabe an Gott

Sich Gott hinzugeben klingt vielleicht etwas abstrakt, altmodisch oder kirchlich geprägt.
Jedoch ist es eine wahre Hilfe, ein „Beschleuniger" auf dem Weg der geistigen Evolution.
Sinn des Lebens ist, Gott näher zu kommen durch den Weg der Veredelung, der selbstlosen Liebe, durch geistige Evolution.
Es gibt viele Möglichkeiten, sich Gott hinzugeben:

Sonnengebet - Äthergebet

»Stehend richten wir unser Antlitz nach Osten aus. Wir heben unsere Arme empor, wobei die Handflächen nach Osten zeigen.
In dieser Gebetshaltung sprechen wir den All-Geist der Unendlichkeit sinngemäß mit folgenden Worten an:

Ewiger Strom der Unendlichkeit.
Du All-Geist in allem Sein!
Erfülle meine Seele und meinen Leib mit geistiger Kraft, mit Deinem Leben.
Ewiger Geist! Durchströme die Partikel meiner Seele und die Zellen meines Leibes.
Erwecke mein ganzes Sein zu dem bewussten, harmonischen Leben, das Du bist.
Ewige All-Harmonie! Durchflute mein Ober- und Unterbewusstsein, reinige es mit Deiner allmächtigen Kraft.
Ewiger, läutere und reinige auch meine Sinne, ordne mein Leben - denn Dein Wille möge geschehen.!«

Göttliche Weisheit (16)

Dialog mit Gott als Hingabe

Die Hingabe ist eine innere Haltung: Wir können mehrmals am Tag, die Hingabe durch den Dialog oder das Gespräch mit Gott, auch z.B. während des Meditativen Wanderns, einbeziehen, wie ein Gespräch mit einem unsichtbaren Vater:

„Vater, ich gebe mich Dir hin."
„Vater, ich liebe Dich."
„Ich schenke Dir mein Gehirn."
„Ich möchte Dein Werkzeug sein."
„Wirke Du durch mich."
„Ich möchte Deinen Willen erfüllen."
„Bitte, führe mich."

Wenn man es öfters am Tag wiederholt, fühlt man, wie ein warmer Strahl oder ein sanfter Strom durch den Körper oder durch die Wirbelsäule fließt.

Man spürt, wie sich plötzlich im Leben vieles ins Positive verändert.
Probleme lösen sich, Ängste und Sorgen verschwinden. Man findet zur inneren Sicherheit.
Man erlebt einige erstaunliche Zufälle:
Begegnungen mit Menschen, die uns weiter helfen.
Oder Situationen, die uns bestätigen, „wir sind auf dem richtigen Weg".

Man fühlt, dass Gott nahe ist, uns führt, uns liebt und das Beste für uns will.
Wenn man sich Gott und Seiner Führung anvertraut, fühlt man sich nicht mehr allein und kennt auch keine Einsamkeit mehr.

Für die Zukunft, wenn diese materialistische Welt mehr und mehr aus den Fugen gerät, wird es sehr wichtig sein, dass wir schon jetzt lernen, uns von innen führen zu lassen.
Wahre Sicherheit können wir nur in unserem Inneren finden, durch eine innige Verbindung mit Gott, d.h. das Anstreben eines Lebens im Geiste Gottes oder im Christus-Bewusstsein.

Wir können Ihm Fragen stellen, mit Gedanken, gesprochenen Worten oder die schriftliche Form wählen:
Was ist meine Lebensaufgabe? Was ist Dein Wille? Wie kann ich Dir und meinem Nächsten am besten dienen?

Wir können während einer Autofahrt, einer Wanderung oder eines Spaziergangs in der Natur, im Wald, am Strand, in Gedanken oder mit gesprochenen Worten mit Gott, der Schöpferkraft, kommunizieren.

Wir können Ihm Briefe schreiben, wie einem Vater und mit einfachen Worten erzählen, wie wir uns fühlen, was wir uns wünschen, unsere Probleme und Sorgen Ihm anvertrauen und übergeben, um Führung bitten.

Wenn wir Geduld und Ausdauer haben, werden wir merken, dass es funktioniert und werden unglaublich belohnt.

»Eine bewusste Hingabe an Gott
schenkt uns innere Stärke.«

Die Liebe zu Gott

Warum Gedankenkontrolle?
Warum sollen wir uns anstrengen?

Die Gedankenkontrolle gehört zur ersten Stufe der Ordnung auf dem Weg der geistigen Evolution. Jesus sagte: »Ihr sollt vollkommen sein, wie euer Vater im Himmel vollkommen ist.« Wäre das nicht möglich, dann hätte es uns Jesus, der Christus, nicht gelehrt.

Grob und dichter werden die Körperstrukturen und die Ausstrahlung eines Menschen, wenn er sich von Gott abwendet, materiebezogen oder primitiv lebt und sich aggressiv, brutal oder zerstörend gegenüber Mensch, Tier- und Pflanzenwelt verhält.
Je mehr der Mensch sich zum Göttlichen wendet, sich veredelt und in der Gottes- und Nächstenliebe lebt, desto feiner werden seine Körperstrukturen und seine Ausstrahlung.
Das Computer-Gehirn, die Fabrik der Gedanken, sollte mit neuen göttlichen Inhalten programmiert werden; durch Ordnung im Leben, Gedankenkontrolle, Gottes Wille anstreben, Veredelung der Sinne, sowie Liebe in Gedanken, Worten und Handlungen.
Unser Gehirn kann die Gedanken besser kontrollieren, wenn wir einen Fokus finden, um unsere Gedanken auf jenen zu richten.

»Wahrer Erfolg im Leben und Gedankenkontrolle erreichen wir durch die Hingabe und die Liebe zu Gott.«

»Gott und Christus als „Fokus" unserer Gedanken zu haben, die Hingabe und das „Liebe senden" sind die besten Methoden der Gedankenkontrolle.«

Zu diesem Buch

»Die Gottes- und Nächstenliebe ist die tiefste Gravur in unserer Seele, denn sie ist das Zentrum unseres geistigen Leibes, das Herz unseres wahren Wesens.«

»Unser größter Wunsch sollte sein, Gott gefallen zu wollen, Seinen Willen zu erfüllen und wieder göttlich zu werden; rein, edel und gut in Empfindungen, Gedanken, Worten und Handlungen.«

»Die Stimme Gottes kann von uns nur rein und klar wahrgenommen werden, wenn alle Geräusche unserer Begierden und menschlichen Sehnsüchte schweigen, wenn wir mit unserem Nächsten in Frieden leben und die Einheit mit allen Wesen und Dingen anstreben.«

»Wer Gott, seinen Vater, mehr liebt als diese Welt und mehr als sich selbst, als sein Denken, sein Wollen und Tun, der ist es, der auf dem geistigen Weg vorwärtsschreitet.«

»Um Gott näherzukommen, ist die Liebe das Entscheidende für den Wanderer zum Königreich des Inneren. Die Voraussetzung ist die Liebe zu Gott und zu unserem Nächsten. Die Liebe zum Ewigen erleichtert unseren Fortschritt. Ohne Liebe gibt es keinen Erfolg.«

»Je edler der Mensch empfindet, denkt und spricht,
umso freier ist er, umso größer ist seine Liebe.«

»Je größer deine Liebe zu Gott ist, umso reiner
sind deine Empfindungen, Gedanken und Worte.«

»Schaffe Ordnung in deinem Leben.
Lasse die Gottes- und Nächstenliebe walten.«

»Wer den Inneren Weg zu Gott einige Schritte gewandert ist, musste immer wieder erkennen: Nur die Liebe zu Gott, unserem Vater, und die Sehnsucht nach Reinheit und Geistigkeit lassen uns die Schritte bewusst gehen.«

»Nur durch die Liebe, die wir unserem ewigen Vater erweisen, kann die göttliche Weisheit geboren werden und in uns wachsen.«

»Unser erwachtes ewiges Bewusstsein möchte, dass wir auf Erden schon weise werden und die Einheit mit Gott, unserem Vater, erlangen.«

Göttliche Weisheit (1) (2) (16)

Über den Verfasser

Jordi Campos: Arzt, Naturheilverfahren, Ganzheitsmedizin, Augentraining, Irisdiagnose, Buchautor, Vegetarier dritter Generation, Tierschützer.

Ich lebe und arbeite als Arzt seit über 25 Jahren in Deutschland.
Meine Bücher spiegeln meine eigenen Erfahrungen wider. Alles, was mir auf dem Weg der spirituellen Suche geholfen hat, gebe ich weiter.

Ich bin bestrebt nach christlichen Werten und in Gott-Verbundenheit zu leben und zu arbeiten. Meiner Meinung nach, ist der Weg zu Gesundheit, Freiheit, Glück und Erfolg auch der Weg zurück zur Natur und zu Gott.

Gott ist nicht an eine Religion gebunden. Er ist für alle Menschen die Schöpferkraft, das Leben, Universum, die Energie der Liebe.

Da ich ein freiheitsliebender Mensch bin, gehöre ich keiner religiösen Gruppe oder Glaubensgemeinschaft an.
Meine Bücher spiegeln eigene Erfahrungen wider und die, die ich im täglichen Gespräch mit Patienten gemacht habe.

Das Ziel meiner Bücher ist, den Menschen Lebenswerkzeuge in die Hand zu geben, die ihnen helfen mögen, gesünder, freier, erfolgreicher und glücklicher zu werden.

Ich wünsche Ihnen viel Freude beim Lesen, und viele tiefreichende neue Erkenntnisse für Ihren weiteren Lebensweg.

Bücher von Jordi Campos

»Ganzheitsmedizin • Vegetarismus • Spiritualität«
Welche Botschaft hat meine Krankheit?

»Die vegane und tierfreundliche Vitamin-Mineral-Tabelle«
Wo finde ich was in der Vegan- und Rohkost-Ernährung?

»Fisch essen macht krank - Das Leiden der Fische«
Fakten und wissenschaftliche Studien

»Partnerschaft und Spiritualität«
Lebenswerkzeuge für eine glückliche erfüllte Partnerschaft und das Veredeln der Sexualität

»Besser sehen mit dem Herzen«
Die Augen als Spiegel des Körpers und der Seele - Augenkrankheiten naturheilkundlich behandeln - Neue Methoden zur Sehverbesserung um frei zu werden von der Brille

»Nutze die Gedankenkraft«
Eine Bereicherung für dein Leben!
Unsere Gedanken bestimmen Charakter, Erfolg, Glück, Gesundheit, spirituelles Wachstum und die nächste Inkarnation!

BESTELLADRESSE:
VERLAG Bücher für Herzensdenker
Tel.: 0049 (0)9394 995 227 Fax.: -228
info@jc-vita-sana.com www.JC-Vita-Sana.de
Eichholzstrasse 11
D-97839 Kredenbach
DEUTSCHLAND

LITERATUR UND REFERENZQUELLEN:

»El pensamiento y su poder« Swami Sivananda, Verlag Eyras, 1979
»Die Macht des positiven Denkens«, Dr. Joseph Murphy, 2007
»Erfolg durch positives Denken«, Napoleon Hill, 2010
»The Secret«, von Rhonda Byrne, 2007
»Sei ein Erfolgsmagnet« Global Information Network, DVD-Kurs von Jochen Weiss, 2013
»Achte auf Deine Gedanken - Warum der Geist die Materie beherrscht«, David Hamilton, Allegria Verlag, 2011
»Segnen heilt - Wie dein Segen die Welt verändert und dich selbst«, Pierre Pradervand, Verlag Reichel, 2010
»Heilen mit Liebe - Krankheiten ohne Medikamente überwinden«, Dr. med. Dean Ornish, Verlag Mosaik, 1999
(1) »Mit Gott lebt sich´s leichter«, Die Göttliche Weisheit, Verlag Das Wort, 1988
(2) »Das ist Mein Wort - A und Ω - Das Evangelium Jesu«, Die Göttliche Weisheit, Verlag Das Wort, 1991
(3) »Freiheit, Freisein in Christus«, Die Göttliche Weisheit, Verlag Das Wort, 2008
(4) »Du selbst bist Deine Krankheit und Deine Gesundheit - Doch Gott ist mit Dir«, Die Göttliche Weisheit, Verlag Das Wort, 2009
(5) »Erkenne und heile Dich selbst durch die Kraft des Geistes«, Die Göttliche Weisheit, Verlag Das Wort, 2011
(6) »Ursache und Entstehung aller Krankheiten«, Die Göttliche Weisheit, Verlag Das Wort, 2006
(7) »Harmonie ist Leben und Gesundheit des Körpers«, Die Göttliche Weisheit, Verlag Das Wort, 1988
(8) »Nütze den Augenblick«, Die Göttliche Weisheit, Verlag Das Wort, 2010
(9) »Allein in Partnerschaft und Ehe? Allein im Alter? Leben in der Einheit! Du bist nicht allein – Gott ist mit Dir«, Die Göttliche Weisheit, Verlag Das Wort, 2004
(10) »Das krankmachende Unterbewusstsein und das Leben«, Die Göttliche Weisheit, Verlag Das Wort, 2007
(11) »Die großen kosmischen Lehren des Jesus von Nazareth«, Die Göttliche Weisheit, Verlag Das Wort, 1993
(12) »Finde zum UR-LICHT in Dir - Die Handreichung Gottes«, Die Göttliche Weisheit, Verlag Das Wort, 2007
(13) Buch »Vaterworte, auch für Dich«, Die Göttliche Weisheit, Verlag Das Wort, 2000
(14) »Wir lernen Fokussieren«, Die Göttliche Weisheit, Verlag Das Wort, 2001
(15) »Die Sprache der Seele über Gefühle und Stimmungen«, Die Göttliche Weisheit, Verlag Das Wort, 2007
(16) »Der Innere Weg zu Gott - Stufe der Ordnung«, Die Göttliche Weisheit, Verlag Das Wort, 1991
(17) »Liobani - Ich erkläre - machst Du mit? Die Göttliche Weisheit, Verlag Das Wort, 1989
(18) »Finde und bejahe das Positive in Deinem Nächsten«, Die Göttliche Weisheit, Verlag Das Wort, 2005
(19) »Reinkarnation - Eine Gnade des Lebens«, Die Göttliche Weisheit, Verlag Das Wort, 2008
»Reinkarnation in Europa - Erfahrungsberichte«, Ian Stevenson, Verlag Aquamarin, 2005
»Reinkarnations-Beweise - Geburtsnarben und Muttermale belegen die wiederholten Erdenleben des Menschen«, Ian Stevenson, Verlag Aquamarin, 2011
»Reinkarnation - Der Mensch im Wandel von Tod und Wiedergeburt«, Ian Stevenson, Verlag Aurum, 2013
»Leben nach dem Tod«, Dr. Raymond A. Moody, Verlag Rowohlt, 2010